JN025322

日本評論社

裁判員制度の10年

市民参加の意義と展望

牧野 茂　大城 聡　飯 考行 [編]

青木孝之

飯 考行

指宿 信

大城 聡

國井恒志

四宮 啓

周防正行

滝口亜希

竹田昌弘

濱田邦夫

稗田雅洋

牧野 茂

森岡かおり

FOCUS
ON

Prologue
裁判員制度──市民参加の10年を考える

「現場の声」に基づく検討

　裁判員制度は、2009年5月21日に、一定の重大な刑事裁判に裁判官とともに市民が参加する制度として国民の期待と不安の中でスタートしました。それから10年が経過し、裁判員制度は司法への市民参加の制度として刑事裁判手続や社会、国民に何をもたらしたか、課題はあるかを検討する節目が来たといえるでしょう。

　10年目を迎えた市民参加の新制度の検討にあたっては、市民が司法に参加した新制度ですから、まずはこの新たな制度に参加した裁判員経験者の多様な意見を聞き取ることが何よりも大切です。同時に、市民を迎え入れた裁判官の意見もお聞きしたいところです。さらに、裁判員裁判の現場の声として、当事者として法廷活動を行った検察官と弁護人、取材・報道した司法記者の視点も尊重しなければなりません。

　制度10年目の検討ということで、裁判所、弁護士会、法務省もそれぞれシンポジウムを開催し、最高裁判所も総括報告書を公表するなどしました。そこで、裁判員経験者ネットワーク、裁判員ネット、裁判員ラウンジ等を主催し、裁判員経験者の体験を語り合う場を設けて、市民目線で制度を見守ってきた私たちとしては、「司法に市民感覚を」という裁判員制度の原点に立ち返り、裁判員制度に当事者として実際にかかわった人たちの声、いわゆる「現場の声」に基づいた検討を行うために、市民団体主催の公開シンポジウムを、制度が10年を迎える2019年5月に企画することになりました。

シンポジウム「裁判員制度の10年」

　裁判員経験者ネットワーク等の市民団体の主催、共催、協賛で、裁判員裁判の「現場の声」を中心に裁判員制度の意義、成果、課題、展望を議論する公開シンポジウム「裁判員制度の10年」を2019年5月19日に青山学院大学で

開催しました。シンポジウムは2部構成としました。

　第1部は、市民参加の裁判員制度の意義・成果、そして課題をテーマにパネルディスカッションを行いました。裁判員裁判に参加した市民の代表として裁判員経験者5名をパネリストとして招きました。他方、裁判所で市民を迎えた裁判官の立場から、裁判員裁判を80件ほど裁判長として経験された方も、パネリストに迎えることができました。東京地裁の部総括判事から早稲田大学大学院法務研究科教授に転進された稗田雅洋先生です。実は今回参加された経験者の裁判体の裁判長でしたので、その経験者経由でお誘いしたところ、趣旨に賛同されてご参加いただけました。

　裁判員として参加した市民と迎えた裁判官の主役二者でのパネルトークが実現できたのは、主催者としては大きな喜びでした。さらに、裁判員裁判の弁護人経験豊富な弁護士、裁判員制度の取材・報道経験の長い司法記者も加わって、現場の関係者による制度の立体的検討が実現しました。パネリストに声がけさせていただいた関係で、コーディネーターは私、弁護士の牧野茂が務めました。テーマはある程度決めて臨みましたが、議論は予想以上に盛り上がって、パネリスト間の攻防や会場からの鋭い質問も飛び交いました。

　第2部では、「市民参加の展望―裁判員制度の課題と提言」を中心テーマに、成城大学教授で刑事訴訟法や法情報など幅広い研究をなさっている指宿信先生、一橋大学教授で刑事法・刑事実務の研究をなさっている元裁判官の青木孝之先生、映画監督として映画『それでもボクはやってない』などで司法の世界にも一石を投じてきた周防正行監督、法社会学がご専門で裁判員ラウンジも主催されている専修大学教授の飯考行先生、裁判員経験者ネットワークと裁判員ネットの共同代表の大城聡弁護士をパネリストにお招きすることが出来ました。指宿先生、青木先生、周防監督とは、いわゆる今市事件において本来取調の適正化のために導入されたはずのビデオ録画が犯人性を認める実質証拠に使われたという重大な問題点を裁判員経験者ネットワーク主催の公開シンポジウムで以前ご一緒させていただき、さらに『取調べのビデオ録画―その撮り方と証拠化―』（成文堂）という書籍を共著で出版した縁もあって、快く参加していただけました。第2部も、パネリストに声がけさ

せていただいた関係でコーディネーターは私、牧野が担当しました。コーディネーターとして用意したテーマもありましたが、論客ぞろいなので、議論は制度改善論から予想もしない方向にまで広がり、終わってみると各自の個別の講演ではおそらく得られない豊富な内容に恵まれたシンポジウムになりました。パネリスト各位に心より感謝申し上げます。

本書出版に至った経過について

　本書は公開シンポジウム「裁判員制度の10年」でのパネルディスカッションを基軸としてつくられています。それに加えて、市民参加の趣旨の貫徹という観点から緊急の課題としてシンポジウム中に6つの市民団体が共同提言した守秘義務緩和の立法提言と、これを立法実現するための具体的方策について司法記者クラブで2019年6月26日に行った記者会見の概要も収録しています。さらに、裁判員制度に実践的にかかわられた裁判官と、報道機関の一員として裁判員制度を分析しつづけてきた記者に、「裁判員制度10年の実践と分析」というかたちで論考を寄せていただいています。制度設計にかかわった識者から、「裁判員制度10年の意義と展望」と題した論考もいただきました。

　本書は日本評論社からの出版です。日本評論社からは、裁判員制度が10年を迎えるのを機に、裁判員ラウンジの活動を活字化して、裁判員経験者のさまざまな体験談や意見を社会に広く伝えることを主な目的とした『あなたも明日は裁判員 !?』が出版されています。編集担当は、裁判員ラウンジに興味を持って参加されていた荻原弘和さんです。その荻原さんが、今回の公開シンポジウムを傍聴されて、制度10年の到達点と未来への提言を活字化して残す価値があると判断し、本書の企画・編集などを全面的に請け負ってくれました。『あなたも明日は裁判員 !?』のアドバンス版として、専門家の方々にも、同書を読んで裁判員制度をもっと詳しく知りたくなった市民の方々にも読んでいただける本にしようと、当日の会場の録音テープから反訳文を作成して本の中核にしてくれました。その熱意には本当に感謝しています。

　そうして動き出した出版企画に、裁判員制度に関して造詣の深い研究者、

裁判官、弁護士、経験者、司法記者等の方々のご寄稿をいただいて、本書は成り立っています。公開シンポジウム「裁判員制度の10年」で基調報告をされた元最高裁判事の濱田邦夫先生およびパネリストとしてご登壇いただいた方々をはじめ、東京高等裁判所判事の國井恒志先生、共同通信編集委員の竹田昌弘さん、國學院大學法学部教授で裁判員制度の立ち上げに深くかかわられた弁護士の四宮啓先生、そして日本評論社の関係者のみなさま、どうもありがとうございました。この場を借りて、深く御礼申し上げます。

裁判員制度10年のスペシャルブレンド

　『あなたも明日は裁判員!?』の巻末で、「この本は裁判員制度の百貨店です」と紹介しましたが、アドバンス版の本書は裁判員制度のスペシャルブレンドです。白熱した議論のやりとりや一転して静かな考察がブレンドされた10年ものです。次の10年のフレイバーもしてくるかもしれません。この本を幅広い市民の方々にお読みいただき、裁判員制度の生きた実態の理解と次の10年への期待が社会に広まれば、この本の制作に関わった一同にとってこれ以上の喜びはありません。

牧野　茂

目　次

I

市民参加の意義

公開シンポジウム「裁判員制度の10年」の第1部を収録

1　基調スピーチ ― 裁判員制度の10年にあたって

濱田邦夫　（弁護士・元最高裁判所判事）

　裁判員制度は、1990年代の日本経済の規制緩和、それからグローバライゼーションという流れの中で、司法への国民参加を促すという趣旨で導入されました。2009年5月21日に制度が施行されて、本年、2019年5月21日でちょうど10年ということになります。

　裁判員の参加する刑事裁判に関する法律、いわゆる裁判員法は2004年5月に成立しました。その第1条で、裁判員制度の趣旨として「国民の中から選任された裁判員が裁判官と共に刑事訴訟手続に関与することが司法に対する国民の理解の増進とその信頼の向上に資することにかんがみ」と述べられております。私は、2001年5月から2006年5月まで最高裁判所の判事という仕事をしておりましたので、この制度の導入について裁判所の内部から立ち会っておりました。この法案ができたときの裁判所内部のリアクションというものは、刑事裁判官たちがこぞって「刑事訴訟手続に素人の国民を参加させるなんていうことはとんでもない」と声を上げていたというものだったと記憶しております。しかしながら、裁判所全体としては、国策といいますか、司法制度改革審議会の答申に基づく国の方針ということで、法務省、それから日弁連とも協力をいたしまして、5年間の準備期間を経て、裁判員法の施行に向けて努力いたしました。それがちょうど10年前ということになります。

　この制度の運用についてはいろいろとメディアで取り上げられ、このようなシンポジウム等でも論議をされておりますけれども、全体としてはほぼ順調に行われてきたという評価が多数と思われます。その理由のひとつとして、裁判員たちが、非常に真剣に、真面目に、誠実に審議に参加してくれたこと、これが挙げられるのではないかというのが私の考えです。これは日本の国民性ということもいえるかとも思いますが、非常に大きな理由のひとつだと思っております。

　裁判員制度の10年にあたって、今日までに、裁判員制度の好ましい成果と、いくつかの問題点が明らかになっております。好ましい成果の例といたしま

しては、日本の刑事裁判というものはいわゆる法曹三者、裁判官、検察官、弁護士がいわば密室で書面に基づいてどんどん進めてしまうという印象を持たれており、かつ実情であったのでありますが、裁判員法の施行によって素人の裁判員が参加するということになり、法曹三者としても裁判員とどういうふうにコミュニケートするかということを考えなければならなくなったということを挙げることができます。裁判官、検察官、弁護士が、自分たちの主張なり、判断なりを一方的に伝えたりすることが問題視されるようになったのです。そういった過程におきまして、法曹に対してはいくつかの効果、成果というものがあったといえます。専門家による書面中心の法廷から、刑事訴訟の原則であるところの口頭主義とか、直接主義、そ

濱田邦夫（はまだ・くにお）

1936年、神戸市生まれ。1960年、東京大学法学部卒業。1962年、司法研修所修了（第14期）、弁護士登録（第二東京弁護士会）。1966年、米国ハーバード大学ロー・スクール大学院修了（LL.M.）。1981年〜1982年、第二東京弁護士会副会長。1982年〜1992年、日本弁護士連合会常務理事。2001年、最高裁判所判事任官。2006年、最高裁判所判事退官、弁護士再登録（森・濱田松本法律事務所）。2011年、日比谷パーク法律事務所に移籍。くにうみアセットマネジメント株式会社社外取締役（2012年〜）。株式会社ブロードバンドタワー社外取締役（監査等委員）（2015年〜）。主要著書として、『裁判員裁判のいま─市民参加の裁判員裁判制度 7年経過の検証─』（共著 成文堂 2017年）、『実践！Q&A裁判員裁判』（共著 ぎょうせい 2009年）。主要論文として、「司法活動を担う法曹に期待する」（法の支配 No.181 日本法律家協会 2016年）、「日本における法の支配について」（英文講演翻訳）（法の支配 No.154 日本法律家協会 2009年）、「これからの最高裁判所の在り方について（前編）（後編）」（二弁フロンティア Vol.68、69 第二東京弁護士会 2007年）。

れから法廷の公開の原則とか、さらには無罪の推定という原則などがある程度は実現されるという効果がありました。それから、審議の内容、判決内容、その事実認定と量刑の両方の面で裁判員たちの「市民の感覚」といいますか、多角的な視点がある程度反映されるようになったということがいえると思います。

　裁判官というのは、日本では民事と刑事である程度それぞれ専門化がなされていますので、刑事裁判官になった方々にとって刑事裁判は、それこそ幾

百幾千の事件のひとつとして、目の前を流れていく日常の作業ということになります。それに対して、裁判員は実質的に一生に一度の非日常の経験ということになりますので、非常に緊張して事に当たられるということになります。それでその裁判員たちは、非日常の裁判所、法廷の中で被告人や被害者などの他人の人生とか、生き方・考え方とかそういうものに対して目を開かれるという経験を多く得られています。それは非日常の中での緊張を強いられた体験ということになります。日本社会の中では忌憚のない意見の交換というのはなかなか難しく、日常生活の中ではあまり行われていませんが、裁判員裁判の評議室の中では非常に真剣に、自分の意見を述べ合って、チームとしてその結論に至るということに大きな達成感を感じる方が多いということであります。もっとも、裁判員裁判の評議室の中の様子というのは、模擬裁判の場合以外には見られないわけですが、裁判員経験者たちの話などによりますとそのようであります。それで、その過程におきまして、法律というものは社会の中でどういう役割を果たすものであるのかとか、刑罰というものの実態はどういうふうになっているのかとか、そういった基本的かつ重要な法的問題について考える機会を持ち、今まで他人任せであった物事について自分たちが経験することによって目を開かれる、また司法の問題に主体的に関心を持つようになるということが大きな成果のひとつです。これは司法の基盤を強めるということのみならず、いわば民主主義の根幹を成す作用ともいえます。裁判員制度の好ましい成果として、責任ある市民が誕生しているということです。裁判員制度は、わが国の司法のあり方、また民主主義そのものの基盤を強くしていると私は思っています。

　問題点の方は、たくさんあるといえばたくさんあるのですが、私どもがいろいろ関与しているところでみると、大きな問題として裁判員の審理前、審理中、審理後の心理的サポートの問題を挙げることができます。裁判員として刑事裁判に参加するにあたって、それぞれの段階で非常に不安とか、苦しみとか、疑問とかいろいろあります。そういう問題についての制度としての心理的サポートというのが審理後にある程度はあることになっておりますが、実際には十分ではなく、これは今後も大いに手当てをする必要があります。

　それから、2019年6月から法律上導入されることになった取調べの過程の可視化という、取調べの録音とか録画の問題です。これが裁判員裁判の対象事件すべてについて行われることになりました。このやり方について、本来の趣旨としては密室の取調べというものをいわば空から見られるようなかたちにすることによっていわゆる冤罪を防止しようと、正しい判断に導きたいということでしたが、その使用方法についてはかなり疑問のあるやり方で今まで行われているという問題があります。それと、裁判員の守秘義務の問題も忘れてはなりません。範囲がはっきりしないとかいろいろな問題がありまして、せっかく貴重な体験をした裁判員たちの経験を社会に還元するうえで、この守秘義務の存在というのが大きな障壁になっております。これを合理的な範囲で解決をしていかなければなりません。さらには、最近よく報道もされますが、いわゆる辞退率が非常に高くなっているという問題もあります。裁判員の候補者になったとしても、裁判員になることを辞退するという方々が増えているという問題です。辞退率が高くなると、実際に裁判員を務めていただく方々の年齢とか職業的背景とかがかなり限られたかたちになってしまうという懸念が生じます。改善すべき問題であるといえましょう。さらに、裁判員裁判に限らないのですが、日本の刑事司法の長期間の勾留制度とか、取調べに弁護人が立ち会えないとかいった制度についての国際的な批判ということがあります。こういった問題につきましても、裁判員制度施行10年を機に今後われわれ法曹としてもまた市民としても真剣に考えていく必要があると思っています。

2　裁判員制度10年で見えてきたこと

■ はじめに

牧野：みなさん、こんにちは。第1部のコーディネーターを担当する弁護士の牧野と申します。よろしくお願いします。

　第1部は「市民参加の意義」がテーマです。そのため、参加した市民である裁判員、そして裁判員を受け入れた裁判官、現場で裁判員裁判を体験した声が一番重要だと思われますので、今日は5人の裁判員経験者、それから80件の裁判員裁判を東京地裁、千葉地裁で裁判長として担当された元裁判官をパネリストにお迎えしました。貴重なご意見が聞けると思います。そして、同じく裁判員裁判の当事者である弁護人、取材してきた司法記者のパネリストをそろえることができました。メンバーを簡単に紹介します。

　最初に、2011年6月から2017年11月まで期間は散らばっているのですが、裁判員を担当された時期の古い順に1番さんから5番さんまで、1番（以下、「裁判員A」という）さ

ん、2番（以下、「裁判員B」という）さん、3番（以下、「裁判員C」という）さん、4番（以下、「裁判員D」という）さん、5番（以下、「裁判員E」という）さん、以上5名の裁判員経験者の方々がいらっしゃいます。

裁判員ABCDE：よろしくお願いします。

牧野：それから、元裁判官で裁判員裁判の裁判長を2017年まで80件も担当された早稲田大学法科大学院教授の稗田雅洋さんです。

稗田：稗田でございます。よろしくお願いいたします。

牧野：続いて、弁護士の森岡かおりさんです。裁判員裁判の弁護人も経験されています。

森岡：森岡と申します。どうぞよろしくお願いいたします。

牧野：最後に産経新聞社会部記者の滝口さんです。

滝口：滝口です。よろしくお願いいたします。

牧野：それでは、パネルディスカッションに入っていきたいと思います。

「裁判員制度の10年」をふり返るときには、現場で裁判員裁判を実体験した人たちの話を聞くのが一番効果的だと思いますので、本日は大変貴重な機会になると思います。よろしくお願いいたします。

■ 裁判員の不安と達成感

牧野：裁判員裁判の成果については、基調報告で濱田先生からお話がありました。パネルディスカッションの中では、成果についての細かい話をしている時間があまりないので、お時間のあるときに拙稿「国民の刑事裁判への司法参加である裁判員裁判の成果を踏まえた民事訴訟への市民参加の検討」（判例時報2397号 2019年）をお読みいただければと思いますが、成果について簡単に申しますと、審理の改善と内容の改善です。審理の改善は、審理を早くするためにどうしても集中審理にせざるを得なかったことから、公判前整理手続とか証拠開示が広まっていったこと。それから、「見て、聞いて、わかる裁判」の実現、すなわち口頭主義・直接主義が実現されたこと。あとは市民が入ることによって無罪推定の

原則が高まったということで、量刑に市民の常識が入ったということですので、それらについての詳しい記述は先ほど申し上げた拙稿に委ねたいと思います。では、さっそくパネルディスカッションに入ります。

最初に裁判員Eさんからお聞きしたいのですが、はじめに不安があって、やってみたらよい体験だったということですが、今話題になっている辞退率対策にも非常に参考になる話だと思いますので、質問させてください。最初に裁判員選任手続の呼び出し通知がお手元に来たと思うのですが、そのとき辞退は考えたのでしょうか。

裁判員E：はい。できれば辞退したいと思っていました。しかし、届いた通知に書いてあった辞退できる理由を読んでみますと、私には該当する辞退理由がなかったので、とにかく裁判所に行かなければと思いました。

牧野：できれば辞退したかった、あまりやりたくなかったという理由は具体的には、どのようなことだったのでしょうか。

裁判員E：ひとつは全く知らない世界に飛び込むことへの不安、次に果

牧野　茂（まきの・しげる）

1950年、高崎市生まれ。慶應義塾大学法学部
卒業。弁護士（フェアネス法律事務所）。2008
年、日弁連裁判員本部（当時は裁判員制度実
施本部）委員。2010年、裁判員経験者ネット
ワークを有志と設立。現在、裁判員センター、
法教育の普及・推進に関する委員会の各委員、
日弁連刑事弁護センター幹事、裁判員経験者
ネットワーク共同代表世話人。主要著書として、
『裁判員裁判のいま―市民参加の裁判員裁判制
度7年経過の検証―』（共著 成文堂 2017）、『取
調のビデオ録画―その撮り方と証拠化―』（共
著 成文堂 2018）など。主要論文として、「裁
判員の心理的負担軽減と評議の課題解決案」
（二弁フロンティア 2012年5月号）、「裁判員の
守秘義務の大幅な緩和」（季刊刑事弁護72号
2012）、「裁判員の義務・負担」（刑事法ジャー
ナル39号 共同執筆 2014）、「三田評論」（2019
年10月号）の特集「裁判員制度10年の誌上座
談会」、「民事陪審は実現できる」（二弁フロン
ティア2020年1月2月合併号）など。

して自分に裁判員という仕事ができ
るのかという不安、そして最後に他
人の人生を決めなければいけないと
いうことの重さを考えるととにかく
不安な気持ちしかありませんでした。

牧野：わかりました。知らない世界
への不安ということですが、これに
ついて、何かで調べたりしたことは
あったのですか。

裁判員E：はい。インターネットで
体験談を検索しまして、そんなに多
くの体験談を見つけることはできな
かったのですが、見つかった体験談
を読んでいくと、例えば評議室にお
菓子が用意されているとか、私たち
裁判員は番号で呼ばれるとか、そう
いった具体的なことを知ることがで
きました。

牧野：そのときには、裁判員経験者
ネットワークなどの交流団体のこと
は知っていましたか。

裁判員E：いいえ。そこまではイン
ターネットで探すことができません
でした。

牧野：個人のブログなどで調べたと
いうことですか。その情報は役に立
ちましたか。

裁判員E：はい。非常に役に立ちま
した。具体的にこれから自分が体験
することをイメージできるというこ
とは、裁判員を務めるうえで、すご
く重要なことだったと思います。

牧野：わかりました。自分に判断で
きるか不安だったということですが、
実際に裁判員を務めてみてどうでし
たか。

裁判員E：実際に裁判に臨んでみますと、資料も大変わかりやすかったですし、私が担当した事件が非常に複雑でちょっとわかりにくい部分も多かったのですが、法廷でのやりとりが非常にわかりやすかったので、自分に判断できるのかという不安も解消できたと思います。

牧野：法廷での弁護人と検察官のやりとりもわかりやすく工夫されていたのですね。

裁判員E：はい、そうです。

牧野：その他に、不安の解消にはどういったことが役に立ちましたか。

裁判員E：裁判に臨んでみて、ちょっとわからないことがあればすぐにその疑問点を質問できる環境が整っていたので、そういったことも不安の解消という点では大きかったと思います。

牧野：具体的には、評議室に戻ったあとに解消できたということですか。

裁判員E：そうですね。評議室で質問し、疑問点を解消できたということです。

牧野：その疑問点は、裁判長や他の裁判員に相談できたということですか。

裁判員E：はい。裁判長や他の裁判員に相談できました。それと、私は補充裁判員だったので、被告人に対して法廷で直接質問することはできなかったのですが、私が疑問に思ったことを裁判官の方が代わりに質問してくださったので、疑問点を確認、解消することもできました。

牧野：わかりました。それと不安のひとつに、他人の人生を決める重さに対しての不安というものもあったようですが、これは実際に裁判員を務めてみてどうでしたか。

裁判員E：やはり他人の運命を決めるのは大変重いことだと思うのですが、それをひとりではなくて、チーム全体で話し合って決めるということで、終わったあとは責任ある仕事をやり遂げたという達成感が大きかったように思います。

牧野：チーム全体でやり遂げたことで達成感があったということなのですが、この点について、他の裁判員の方からも具体的なコメントをいただけますでしょうか。裁判員Dさんはいかがですか。

裁判員D：評議については守秘義務がありますので、個別の内容について話すことはできないのですが、評議の中でわれわれ裁判員というのは

当然わからないことがたくさんあるわけで、そういった点については裁判官に対して私も質問いたしました。そうしたら、事件の一つひとつの争点であるとか、裁判の原則であるとか、そういった点も含めてすべて非常に丁寧に裁判官の方からご説明いただけました。ですので、裁判員というのは特に法律の知識があらかじめ必要というわけではなくて、ある意味どなたでも務まりますし、誰もがやるべきだと考えるようになりました。そういった原点から議論する評議の中で、裁判官も含めて原則を再認識し、一つひとつ丁寧に議論できたことに私自身は達成感を抱いたように思います。

牧野：ありがとうございます。他に裁判員経験者の方で、どなたか達成感、充実感という点についてコメントしていただける方はいらっしゃいますか。裁判員Aさんはいかがですか。

裁判員A：充実感という部分で言いますと、裁判体の中のいろいろな人と話をして「被告の人生を決める」ということになるわけですが、有罪になったり、無罪になったり、いろいろなことがあるわけですけれども、

そのこと自体が日常の体験ではないという点において、まず一定の充実感というか、やりがいみたいなものはあると思います。

牧野：ありがとうございます。

裁判員経験者同士の交流

牧野：裁判員Eさんに再びお聞きします。ご登壇いただいた裁判員経験者のみなさんは全員そうですが、裁判員Eさんも、裁判員経験者ネットワークをはじめ、裁判員経験者のさまざまな交流団体に参加されていらっしゃいますが、そのような団体に参加されるようになった動機、きっかけについて簡単に教えてください。

裁判員E：裁判員を務め終えて、大変貴重な体験をしたと思いましたので、「この経験を自分だけのものにしておいていいのかな」という気持ちが芽生えまして、インターネットで検索してみました。そして、大阪の裁判員ACTという団体の川畑さんという方のブログを見つけました。そこにコメントを書いたことをきっかけにして、裁判員経験者ネットワークや裁判員ラウンジなどの裁判員経験者の交流団体の存在を知り、参

加するようになりました。

牧野：裁判員経験者の交流団体に参加した感想を簡潔にお願いします。

裁判員E：裁判員経験者の交流団体に参加しますと、自分が担当した事件とは異なる裁判員裁判を経験された方々とお話しする機会が多いですから、共通の共有できる気持ちを確認しあうなど、そういった交流の機会を持つこと自体がとても楽しいと思いました。

牧野：なぜ、裁判員経験者との交流のみにとどまらず、ご自身の裁判員経験を広めるような活動までしてみようと思うようになったのでしょうか。

裁判員E：それはですね、さきほども申し上げましたように、最初はとにかく不安で仕方がありませんでした。そのときに、裁判員経験者の方のブログを発見し、そこに書かれていた情報を読んで、だいぶ不安は解消されましたので、今度は逆に私の経験がこれから裁判員を経験するどなたかのお役に少しでも立てればいいなという思いから、自身の経験を広める活動もやってみようと思うようになりました。

牧野：わかりました。今の時点で、

初めて裁判員を経験するとして、選任手続の案内がポンと来たとしたら、ためらいは以前と比べてどうですか。そして、それはなぜですか。

裁判員E：ためらいは格段にないと思います。それは、裁判員裁判というものがどのようなものなのかを知ったからですし、もしわからないことがあってもちゃんと誰かに聞ける環境があるということを知ったからです。あと、ひとりではなくて、チームとして臨めるということを知ったからだと思います。

牧野：わかりました。そのような体験が市民のみなさんに伝われば、プラスになるとお考えですか。

裁判員E：そうですね、ただ何も知らなくて辞退しますというのではなくて、私が経験したのと同じように、ある程度「裁判員裁判とはどのようなものか」ということを知ったうえで、自分はどうするのかという判断をしていただければいいと思います。

■ 裁判員裁判における心理的負担

牧野：次に、裁判員Bさんにおうかがいします。裁判員Bさんは臨床心理士で、かつ裁判員経験者という貴

重な方なのですが、審理中の「こころの負担」について中心にお聞きします。

　実際に裁判員を経験されて、あなたも含めて一般の方にとって、審理中の「こころの負担」とはどのようなものだとお考えでしょうか。

裁判員B：私にとっては自覚するほどの「こころの負担」は感じなかったですが、被害に遭われた方の声を法廷で聴いて心が動かされるような場面はありました。

　一般の方に関していえば、被害者の直接の（生の）声を聴き、感情が動かされる中で冷静な判断が求められるので、そういったことへの緊張や負担を感じる方もいらっしゃるのではないかなと思います。

牧野：審理中の「こころの負担」の対策として、裁判員経験者ネットワークなどでは、アンケート調査にもとづいて審理中や評議中に臨床心理士等のカウンセラーの裁判所内での待機を提案していますが、その点についてはどう思われますか。

裁判員B：とても良い提案だと思います。「こころの負担」というのは自分では自覚できないケースもありますし、相談につなげる難しさもあ

るので、身近な場所に相談できる第三者がいて、いつでも話ができる環境というのは予防的な意味もあって、良いと思います。

牧野：守秘義務があるために、裁判員がなかなか話しにくいということで、それが負担の解消を困難にしているのではないかという意見もあるのですが、その点はいかがですか。

裁判員B：一般的に、何か不安や不満に思っていることを他者に話すと自分の気持ちが楽になるということがあります。それとは逆に、他者に話せないことで自分の不安や葛藤を解消しにくいということにもなりうるので、差し支えない範囲で守秘義務に関しては軽減してもらえると、「こころの負担」の軽減につながるのかなと思います。

牧野：わかりました。あなたは裁判員を経験された後、新たな活動をされたということですが、それはどのようなことでしょうか。また、それを始めた動機は何でしょうか。

裁判員B：私は普段は臨床心理士として活動しているのですが、裁判員経験をきっかけに加害者臨床という活動を始めました。法廷では事件前後のことは詳しく取り扱うのですが、

加害者の方がこれまでどういう人生を送ってきたのか、被害者の方も含めてその後どういう人生を送っていくのかということを、個人的にもう少し知りたくなったというのが動機のひとつだと思います。

牧野：それは具体的には刑事裁判において弁護活動に役立つようなかたちにつながるものなのでしょうか。

裁判員B：はい。弁護士の方と連携して、拘置所や鑑別所などに出向き、加害者となった方のお話をうかがっています。事件に至るまでの「生きづらさ」ですとか、どういうことにつまずきがあったのかということをうかがって、これまでの生き方や自らが犯した罪と向き合うための手助けをするといった活動を行っています。

牧野：わかりました。ありがとうございました。

裁判員裁判における評議

牧野：次に、裁判員Dさんについてお聞きします。裁判員Dさんは、裁判員として裁判に参加すること自体に意義があるとお考えであるとうかがっています。裁判員も「素人だ」

と言われても構わず意見を言うべきだということですが、それはどうしてそう思われるのですか。

裁判員D：評議において、裁判員というのは法律の知識が当然そんなにあるわけではないので、わからないことなどは裁判官にどんどん質問すればいいと思っています。裁判官と一緒に議論をしていって、その中で裁判員がきちんと意見を伝えていくということに裁判員制度の一番大きな意義があると思っています。それによって、国民の感覚が反映された判決に形成されていくのかなと思っておりますので、私としては国民が裁判に参加すること自体に意味があるのではないかと思っています。

牧野：わかりました。評議で市民が意見を交わし合うということに意味があるというご趣旨が含まれていると思うのですが、その交わされた意見の公表は、現状ですと守秘義務で罰則をもって禁止されていることについてどう思いますか。

裁判員D：評議について、とくに裁判員の個々の意見が一番重要なポイントだと思っておりますので、当然制限がかかってやむを得ない部分もあると思うのですが、被告人にとっ

稗田雅洋（ひえだ・まさひろ）

1960年、佐賀県生まれ。1987年4月に裁判官に任官。以後2008年9月まで、東京地裁、福岡地裁、東京高裁の各刑事部で勤務したほか、最高裁刑事調査官、刑事局第1課長などを務める。2008年9月から、東京地裁・千葉地裁の各刑事部で裁判長裁判官、部総括判事を務め、2009年以降は裁判員裁判を担当する（担当件数80件）。2017年3月東京地裁部総括判事を最後に退官。2017年4月から早稲田大学法務研究科教授（現職）。専攻は刑事訴訟法、刑法、医療観察法。裁判員制度に関連する主要著書・論文として、『陪審・参審制度（ドイツ編）』（共著 司法協会 2000）、『裁判員裁判と刑法』（共著「第4章　裁判員裁判と量刑」担当 成文堂 2018）「裁判員裁判と刑法理論―裁判官の視点から」刑法雑誌55巻2号（2016）、「司法制度改革後の刑事裁判が目指すべき姿について―核心司法と公判中心主義（直接主義）を中心に」酒巻匡他編『井上正仁先生古稀祝賀論文集』（有斐閣 2019）、「裁判員と充実した審理・評議を行うために」川上拓一編著『刑事手続法の理論と実務』（成文堂 2020）など。

て、社会全体にとって、そして何より今後裁判員になりうる市民にとって参考になる話が含まれているわけですから、一定の範囲では公開されるべきだと考えております。

牧野：わかりました。

　裁判員が裁判に参加すること自体に意味があるというご意見についてもうひとつお聞きします。裁判官に刑事事件の基本原則を説明してもらうことで、裁判官にとっても刑事裁判の原理原則の理解を深めるための良い機会になっているのではないかというご意見もお持ちのようですが、これについてひとことご説明いただけますでしょうか。

裁判員D：裁判官と裁判員が、質疑応答というかたちで刑事裁判の原則に立ち返って、一から議論していくことで、裁判官の方々も刑事裁判の原理原則について再認識したうえで議論ができたという印象を自分が参加した裁判員裁判では感じたので、そのような意見を持つようになりました。

牧野：あなたが裁判員裁判を務めたときの裁判長は、この部屋のなかにいらっしゃいますか。いらしたら、指さしで教えていただけますか。

　（裁判員Dが稗田氏を指さす）
　　　　場内爆笑

裁判員D：（稗田氏を指さしながら）本日、パネリストのおひとりとして参加されている稗田雅洋さんです。

牧野：せっかくですので、稗田さんに直接お聞きしたいと思います。裁判員に刑事裁判の原理原則を説明することで、裁判官の理解が深まるというようなことは実際にあるのでしょうか。

稗田：それは当然あると思います。裁判官というのは、職場で、裁判員裁判が始まるまでは裁判所の「同じ釜の飯を食った」裁判官との付き合いしかなく、事件処理で検察官や弁護人との付き合いというのはありますけど、結局は法律家の中だけで議論をしてきた。ところが、多様な視点を持たれる国民のみなさんが参加するということになりますと、裁判員のみなさんに理解していただくために、法律家特有の論理とか、裁判官特有の論理とかが通用しないことがあるというのを実感するわけです。そうすると、今まで自分が使ってきた論理というのは果たして正しかったのかということをもう一度考え直す、そして、国民にきちんと説明できるような論理を考えるということをするようになります。そういうことを通じて、裁判官の思考そのものも、だんだん変わってくるということはあるのだろうと思います。これは、裁判員裁判だけではなくて、裁判員裁判以外の裁判においてもそういう国民が理解しやすい論理を使えるようになる、これが私は裁判員裁判を取り入れた非常に大きな意味なのではないかなと思っております。

牧野：ありがとうございます。稗田さんにはあとでまとめて、コメントをいただきたいと思います。

裁判員裁判における量刑

牧野：次に、評議に使われるいわゆる、量刑グラフ、「量刑データベース」について、裁判員Cさんのご意見をうかがいたいと思います。

裁判員C：はい。量刑データベースについては、何かモヤモヤとした気持ちです。

　量刑データベースというのは、過去の判例を裁判所側がデータにしておりまして、裁判員が量刑について評議する際に似たような判例を探して「あっ、過去の似たような判例は、このようになっているのか」という参考にするものです。私が担当した裁判員裁判の裁判長から説明を受けたときには、量刑の公平性というものがあって、似たような判例がある

中で感情的になって被告人を重い刑に処するようなことが決してないように、「公平性」が最も大事だという趣旨で量刑データベースを使うということでした。たしかに、公判で示された証拠をもとに、被告人が有罪なのか、無罪なのかはわりと決めやすいように思うのですが、「被告人には懲役5年が適当なのか、10年が適当なのか」という量刑については素人である裁判員にはよくわかりません。したがいまして、何かしらの物差しは必要なのかとは思ったのですが、「データベース」ですから、一般的にデータの入れ方、そのデータの検索の仕方でいかようにも出てくる。日本によくある「前例主義」を思わせる都合の良い結論が出てきてしまうのですね。ですので、量刑データベースは必要だとは思ったのですが、ちょっと信じきれないモヤっとした気持ちが拭えないというのが、自分にとっての量刑データベースに対する考え方です。

牧野：わかりました。裁判員Cさん、続けて他の経験者の方にも聞いてもらえますか。

裁判員C：はい、では私から聞いていきますね。本日ご登壇の他の裁判員経験者のみなさんは、量刑データベースまたはそれに類するものを用いられたのでしょうか（ここで裁判員BCDEが手を挙げる）。

裁判員Aさんはいかがですか。

裁判員A：私は2011年6月に裁判員を経験しました。裁判員制度が始まって2年経ったときです。東京地裁立川支部で裁判員裁判を経験したのですが、その時点では評議室にパソコンのようなものはなく、裁判長がホワイトボードに「こういう場合は懲役○○年」というふうに書いて説明してくれました。

裁判員C：ありがとうございます。

他の方は、比較的最近になってから裁判員を経験されたと思います。ディスプレイが評議室内にあって、パソコンがあり、裁判官のひとりがキーワードを打ち込んで似たような事件を列挙し、グラフなどを用いて比較していくというような感じだったかと思うのですが、裁判員Dさんはいかがでしたか。

裁判員D：そうですね。私のときは裁判員裁判が始まってから7、8年経っていましたから、過去の同じような裁判員裁判によって裁かれた事件のデータを比較するために、量刑

データベースを使用していました。

牧野：ありがとうございます。今、裁判員Dさんは「過去の同じような裁判員裁判」とおっしゃいましたが、裁判員Aさんが裁判員を経験された2011年ごろですと、裁判員裁判ではなく、職業裁判官のみで行われた裁判のデータを見て、量刑を決めていくという感じだったと思います。その後、職業裁判官のみで行われた裁判のデータと裁判員裁判のデータを併存して扱う時期があり、今は裁判員裁判のみのデータになっているようです。

さて、森岡さんにお聞きしますが、量刑データベースの検索というのは、その事件の弁護人しかできないのですよね。

森岡：そうですね。裁判官、検察官、弁護人が閲覧できるというシステムになっています。

牧野：わかりました。

稗田さんにお聞きしたいのですが、量刑分布を評議で示すということは、「市民の常識を活かす」という裁判員裁判の趣旨と対立するものなのでしょうか。

稗田：なかなか難しいご質問ですね。量刑の基本的な考え方というのを、

おそらく裁判官が量刑の評議にあたって裁判員のみなさんにご説明していると思うのですが、これは刑法の考え方にもとづく法律の解釈であるという、そういう位置付けです。逆に言いますと、その量刑の基本的な考え方から逸脱したかたちの量刑判断をした場合には、それは法令違反ということで、違法、すなわち法律に違反したということになるわけです。

このような意味で申しますと、行為責任の原則にしたがって出てくる一定の量刑の幅、この範囲を特段の理由なく著しく逸脱する量刑判断をするとそれは法律違反になるということで、それこそそういう判断が下された場合には検察官や弁護人は控訴審で違法な判断であるという主張を当然されるということになるわけです。ですから、裁判官としては、量刑についての基本的な考え方をきちんと裁判員に説明したうえで、量刑傾向にみられる一定の幅の中で当該事件についてはどういう判断を下したらいいのかということを議論すべきであるといえます。もちろん、過去の量刑データに全くないような事情が当該事件にはあって、これは

別途考えるべきだというような場合には、過去の量刑傾向からみえてくる一定の幅から逸脱することもあり得ます。その場合には、その理由をきちんと説明できなければなりません。以上のようなことを裁判官から裁判員のみなさんに説明したうえで審理するのが、おそらく一般的なのではないかと思います。これは、法律についての説明として裁判官がやっていると、そういうふうにご理解いただければと思います。

牧野：わかりました。続けてなのですが、裁判員が刑事裁判に参加するようになって量刑傾向が明らかに変化していると言われていますが、その量刑傾向の変化というのは今までの量刑傾向を説明したこととどういう関係にあるでしょうか。

稗田：その点につきましては、例えば性犯罪、それから被告人の方に同情するような理由が全くないような殺人とか傷害致死、これらに関する量刑傾向というのは裁判官だけで裁判をしていた頃に比べると一段あるいは二段くらい重くなっていると言われています。それに対して、非常に被告人に同情する余地の多い、例えば介護疲れによる殺人のような事件では、以前に比べますと執行猶予が付く率が高くなっていると言われています。そういうかたちで、裁判員裁判が始まってから、明らかに量刑傾向自体は変化している。それは、当然のことながら、今申し上げたような量刑の基本的な考え方をとっていっても、世の中の価値観等が変わっていった場合にはそれを適用するにあたって、評価が変わってくるということは当然あり得る話ですし、裁判員法もそれを当然予定している。そして、そういうことについての国民一般の感覚を出していただくためにも、裁判員のみなさんに参加していただき、意見を言っていただいて、それが反映されていくということはとても良いことですし、そういう意味で量刑における裁判員の参加の影響力というのは実は非常に大きいものだとご理解いただければと思います。

牧野：ありがとうございます。

裁判員経験者の交流団体

牧野：続いて、裁判員Aさんにお聞きします。裁判員Aさんは、裁判員交流関係の市民団体にほぼ参加され

ていらっしゃいます。裁判員経験者ネットワーク、裁判員ネット、裁判員ラウンジ、LJCC、大阪の裁判員ACTなどに参加し、アクティブスピーカーとしても知られています。これだけ多くの市民団体に参加して、日本中を飛びまわっておられるそのモチベーションはどこからきているのでしょうか。

裁判員A：はい、私が裁判員を経験したその体験談を対外的に話したいという気持ちと、同じように裁判員を経験された方々の体験談を聞きたいという両方の気持ちからきていると思います。裁判員経験者の方々の体験談を聞いて、それを持ち帰って、別の団体のところで話をしたり、そういうことをしています。さきほど、アクティブスピーカーとおっしゃっていただきましたが、そういうかたちでいろいろなところでお話しすることを意識して活動しています。

牧野：ありがとうございました。さきほど、裁判員Eさんがお話しされた裁判員を務める際の不安ですとか、それを解消する方法ですとか、裁判員を経験したことの充実感を伝えるですとか、そういったことに役立たれているのでしょうね。

森岡かおり（もりおか・かおり）

東京都出身。2005年弁護士登録（第一東京弁護士会所属）。登録当初より所属会の刑事弁護委員会に所属し、2011年から東京三弁護士会裁判員制度協議会委員、2014年から日本弁護士連合会刑事弁護センター委員。2018年日本弁護士連合会主催の司法シンポジウムにおいて、「司法参加（裁判員経験）を広げる」パート担当。日本心理学会認定心理士。主要著書・論文として、『挑戦する交通事件弁護』（共著　現代人文社 2016）「［ケース9］危険運転致死傷罪と自動車運転過失致死傷罪の狭間」、『国選弁護活動の手引き（公判前整理手続編）』（共著　第一東京弁護士会 2018）「国選弁護人から見た公判前整理手続の課題」、『実務家に必要な刑事訴訟法 入門編』（共著　弘文堂 2018）、「裁判員裁判にたずさわる弁護士の仕事」『あなたも明日は裁判員!?』（共著 日本評論社 2019）、「殺意が否定され、心神耗弱が認められた事例」季刊刑事弁護71号（2012）、「介護殺人：裁判員裁判事件と医療観察法事件」季刊刑事弁護73号（2013）、「座談会 裁判員裁判に関わって」法学セミナー777号（2019）、「責任能力が問題になる事件での弁護活動」第一東京弁護士会会報（2011.8）、「行為責任を意識した情状弁護」第一東京弁護士会会報（2014.11）、「上訴審破棄判決から見る裁判員裁判事件の弁護活動」第一東京弁護士会会報（2016.7）。

裁判員A：そうですね。私も含めて誰しもが重苦しい体験談というのはなかなかしゃべりたがらないと思うのですが、人前で体験談を話す人たちはネガティブというよりはアクティブに、明るくお話しされる方が多いので、裁判員を経験したことの充

裁判員経験者の交流団体

飯考行 裁判員ラウンジ［編著］
『あなたも明日は裁判員!?』（日本評論社）より

裁判員ラウンジ

【特徴】裁判員経験者の体験にふれる
【参加方法】事前申込不要、公開
【開催】原則3,6,9,12月第2週土曜日
【場所】専修大学神田校舎
【参加者】学生、市民、裁判員経験者、
　　　弁護士、法学者、記者など20名前後

http://www.saibanhou.com/lounge.html

裁判員経験者ネットワーク

【特徴】裁判員経験者の交流会の実施
　　　あるべき経験者の体験を共有化
【参加方法】HPから登録、非公開
【参加者】裁判員経験者、弁護士、
　　　臨床心理士
【その他活動】公開シンポジウム等

https://saibanin-keiken.net

一般社団法人裁判員ネット

【特徴】市民の視点から裁判員制度を議論
　　　あるべき姿を模索し情報発信
【活動】裁判員裁判市民モニター
　　　年2回開催のフォーラム
　　　法教育に関する講座・授業など
【運営】大学生、社会人スタッフ

http://www.saibanin.net

LJCC
Lay Judge Community Club
裁判員経験者によるコミュニティ

【特徴】裁判員経験者だけで構成
　　　青森から鹿児島まで全国に点在
【活動】全国各地での交流会
　　　大学・自治体での講演など

https://www.facebook.com/LJCC3181

市民の裁判員制度めざす会

【特徴】市民の立場から裁判員制度を
　　　考え、その結果を発信していく
【拠点】名古屋
【活動】原則月1回の会員による例会
　　　シンポジウムの開催
　　　市民向けの模擬裁判上映など

kyriestauros@gmail.com

裁判員ACT（アクト）
裁判への市民参加を進める会

【特徴】裁判への市民参加の意義・役割
　　　について市民の視点で考える
【拠点】大阪
【活動】月1回の例会
　　　市民向け公開企画・学習会など

http://osakavol.org/08/saibanin/index.htm

裁判員交流会インカフェ九州

【特徴】裁判員経験者の自由な語り場
　　　経験者の話を聞き経験を共有
【拠点】福岡
【参加者】裁判員経験者、未経験の市民、
　　　弁護士、法学者、報道記者、
　　　保護司、少年鑑別所職員など

https://www.facebook.com/incafekyushu

実感を伝えるという意味では良い活動なのかなと思っています。

牧野：ところで、裁判員Aさんは、2018年に弁護士の森岡かおりさんと一緒に日弁連のシンポジウムでご登壇されましたよね。

裁判員A：はい。

牧野：ここで森岡さんにお聞きしたいのですが、2018年の日弁連のシンポジウムでは裁判員Aさんとどんなことをやったのでしょうか。

森岡：はい、2018年秋に日弁連で開催しました「司法シンポジウム」というシンポジウムがありまして、その中の「裁判員経験を広める」というパートを担当させていただきました。裁判員ラウンジの飯先生と裁判員経験者おふたりとパネルディスカッションをさせていただいたという企画です。

牧野：わかりました。交流団体の一覧表という資料は、そのシンポジウムの際に森岡さんが作成したものですか。

森岡：はい、2018年の司法シンポジウムを開催するにあたって、全国にどのような裁判員経験者の交流団体があるのかを日弁連の方で調査させていただきました。そして、専修大

学の飯考行先生が主催する裁判員ラウンジが出版された『あなたも明日は裁判員!?』（日本評論社）の中でも紹介されている7つの団体に関して、今回、わかりやすく1枚の資料にまとめてみました（26ページの資料を参照）。

牧野：わかりました。

ところで、『あなたも明日は裁判員!?』とはどのような本ですか。

森岡：裁判員経験者のみなさんの生の声、それと関係者として私も少し書かせていただきましたけれども、裁判員制度にたずさわる専門家の実務・研究の成果を、これから裁判員を経験される一般の市民の方々に向けてわかりやすくまとめた本です。

牧野：交流団体といえば、インカフェ九州という団体がございまして、今日は実はその共同代表の上野朗子さんも会場にいらしています。上野さん、九州からわざわざお越しいただきましたので、ひとこといかがでしょうか。

上野：九州で唯一の裁判員交流会インカフェ九州の共同代表を務めております上野朗子と申します。福岡からまいりました。私は裁判員経験者ではないのですが、経験者の方々の

お話をうかがうことで、これから裁判員になられるであろう市民の方々が心構えできるということをすごく重要視して団体としての活動を行っています。そして、登壇されている裁判員経験者の方々がさきほどからおっしゃっておられますモヤモヤした気持ちとか、貴重な体験ということを広めていきたいと考えている団体です。それで、法学者の方から、弁護士さん、保護司さん、元受刑者の方までを集めまして、本当に貴重な体験を私たちはうかがって、幸せ者の団体だと思っております。みなさまも九州へいらっしゃったときは、3か月に一度の活動ではありますが、お声がけいただき、ぜひインカフェ九州に参加してみてください。よろしくお願いいたします。

牧野：ありがとうございました。

　他にも市民の交流団体はたくさんありますので、『あなたも明日は裁判員⁉』などを参照しながら、いろいろな交流団体にアクセスしてみてください。

▎裁判員経験後の充実感

牧野：そして、森岡さんにつくって

いただいた資料で、辞退率についてまとめた資料があります（29ページ参照）。これは最高裁が裁判員を経験した人たちにアンケートした貴重な資料ですね。これから裁判員をやりたいかどうかのアンケートではなく、裁判員を務め終えた人のみを対象にしています。このアンケートからどのようなことがわかるか簡単にご説明いただけますか。

森岡：はい。最高裁のホームページで最新の数字を調べてつくった資料です。裁判員に選ばれる前の気持ちでは、「積極的にやってみたい」「やってみたい」と思われていた人たちの割合が39.5％と非常に少ない状況です。むしろ、「あまりやりたくない」というふうな消極的な気持ちを持っておられる方の方が多い。ただ、それが裁判員として裁判に参加した後の感想では、なんと96.7％の人たちが「良い経験だった」と思っている。これは、「最初は不安なんだけれども、やってみたらとても達成感があって、チームとして結論を出すことに充実感を感じた」という裁判員経験者Eさんのお話ともつながるかなというふうに思います。

牧野：ありがとうございます。裁判

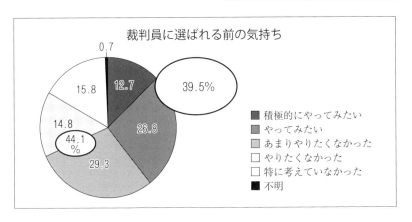

裁判員に選ばれる前の気持ち

- 積極的にやってみたい
- やってみたい
- あまりやりたくなかった
- やりたくなかった
- 特に考えていなかった
- 不明

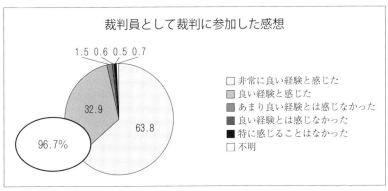

裁判員として裁判に参加した感想

- 非常に良い経験と感じた
- 良い経験と感じた
- あまり良い経験とは感じなかった
- 良い経験とは感じなかった
- 特に感じることはなかった
- 不明

辞退率の推移
（辞退が認められた裁判員候補者の総数 / 選定された裁判員候補者数）

裁判員裁判の実施状況について（制度施行〜2019年2月末・速報）

029

員を務め終えた人たちの96.7％が「良い経験だった」という点については、最高裁もよく宣伝しておりまして、最近では裁判員候補者名簿に名前が掲載された段階での通知の中にも、「裁判員経験者の96.7％の人たちが良い経験だったと言っていますよ」という紹介が入っているそうです。しかし、ある記者の方は、「何が良かったのか」を具体的に紹介していかないと意味がないのではないかとおっしゃっていました。今日はその意味で、裁判員を経験して良かったという充実感とか、一体感とか、そのあたりについて裁判員経験者の方々の具体的な発言に着目していただきたいと思います。

　ここで、裁判員裁判の弁護人を実際に務めておられる森岡さんに、お聞きしたいことがございます。さきほど「審理の過程を理解できた」というＥさんからのご発言がありましたが、審理が理解できないと充実した評議も当然できないわけでして、評議を充実させるために、審理を理解していただくために、弁護人としてはどのような工夫をされていらっしゃいますでしょうか。

森岡：はい。そこも裁判員制度が10

年経って、非常に裁判が変わった、良くなったというところのひとつだと思いますが、やはり裁判員の方々に来ていただいて、判断をしていただくには、法廷で見て、聞いて、わかる審理でなければならないんですね。そうすると、当事者である検察官や弁護人も、見て、聞いて、わかっていただくための法廷技術が必要になってきます。そこで技術を身につけるための研修を、弁護士会でも熱心に行っています。裁判員経験者の方々のアンケートを見ると、組織で動いている検察官よりは個々で動いているひとりずつの弁護人の技術については厳しいご意見をいただくことが多いのですが、そういった厳しいご意見もお聞きしながら、それぞれの弁護人が日々研鑽を積んでいるところです。

牧野：ありがとうございました。

▎裁判員制度をめぐる報道

牧野：引き続き、裁判員制度開始直後から、産経新聞社の記者として熱心な取材と報道を続けてこられた滝口さんにお聞きします。この10年の報道を振り返って、何かコメントい

ただけますでしょうか。

滝口：はい。私は裁判員制度施行1年後から取材をしておりまして、裁判員を経験した方、96.7パーセントの「良い経験だった」と回答された方々に直接お会いして取材してきたのですが、最近思うのは、選任手続き、いわゆる「呼び出し状」が手元に届いて「どうしよう……」と否定的な感情を持つ方と、「待ってました！」と肯定的な方と大きく分けると2つのタイプがおりましてですね、この2つのタイプの方々の違いは何なのだろうかと考えたときに、身近に裁判員を経験した方がいらっしゃるかどうかの違いなのかなと思うようになりました。会社の上司であるとか、知り合いの知り合いに裁判員を経験した方がいらっしゃるとか、こういった場で経験談を聞いていらっしゃる方とかは、イメージがついているのでそんなに不安に思われることもなく、比較的前向きなように思います。しかし、身の回りにそういう方々がいらっしゃらないと、それこそ「何とか辞退できないか」という理由から探すというふうになりがちなのかなと思います。そういう意味でも、やはりこういうふうに実

滝口亜希（たきぐち・あき）

1982年、東京都武蔵野市生まれ。早稲田大学法学部卒業後、2005年に産経新聞社入社。大津支局を経て2007年から東京本社社会部。遊軍、警視庁クラブなどを経て、2010年4月から司法記者クラブ。裁判担当として、制度施行初期の裁判員裁判や、元民主党代表の政治資金規正法違反事件（無罪確定）、東京電力女性社員殺害事件の再審公判（同）、オウム真理教元信者らの裁判員裁判（一部被告は無罪確定）などを取材。夫の海外転勤に伴い、2019年8月に産経新聞社を退職。

際に裁判員経験にふれていただくことで、制度に対する第一印象というのは大きく違ってくるのかなというふうに思っています。

　一方で、10年も経ちますと、初期に裁判員を経験された方で、何度も取材に応じていただいていた方が

「私はもう伝えることは伝えたので、今後は取材を受けないようにします」とおっしゃったりですとか、「1回だけなら取材を受けます。ただし、その後は一切受けるつもりはありません」という方もいらっしゃったりですとか、封印されていく経験談というものも多数ありましてですね、できるだけそういうものを、少なくとも取材を受けていただける方については報道で記録として残していきたいなと思っております。

　裁判員制度施行10年の変化というところで、ぜひ稗田さんにお聞きしたいのですが、裁判員の方々に評議の秘密にふれない範囲でいろいろうかがっているとですね、裁判所とか、裁判長とかによって、例えば量刑データベースの見せ方ですとか、審理の進め方とかがかなり異なっているようでして、量刑データベースを休憩時間に裁判員の方々が自由に検索できるケースもあれば、裁判官が量刑相場をホワイトボードなどに手書きして説明するだけというケースもあったりと、そのあたりどういった変化があったのかということをお聞きしたいと思います。

稗田：今のご質問にまずお答えしま

すと、評議の進め方というのはそれぞれの裁判長、裁判官によって、全然異なります。もちろん、最低限こういうことは気をつけないといけないということについては内部で議論してノウハウを共通化することはしますけれども、訴訟指揮が人によってだいぶ違うのと同じように、やはりそれぞれの流儀というものがございまして、人の真似をしても決してうまくはいかないというところはございます。ですから、そこはそれぞれの裁判官の個性が出るのかなと思います。

牧野：ありがとうございます。

　私から滝口さんに質問してもよろしいでしょうか（笑）。司法記者の方には申し上げたいことがたくさんありまして、ここで代表して滝口さんにおうかがいします。

　東京地裁で行われている裁判員経験者の意見交換会などに出ていてもそうなのですが、「裁判員を経験したと言うと、『まだ裁判員制度って続いてたの？』と周囲から言われる」という裁判員経験者の方々からのお話を冗談ではなくよく耳にします。裁判員制度についての関心が非常に低くなっているという点につい

て、最高裁がNTTデータ経営研究所に委託して実施したアンケートでも裁判員制度に対する関心の低さの理由としてニュースが伝わってこないということと、身近なところで裁判員を経験した方々のお話を聞かないという大きく2つが言われているんですね。メディアの方々は、裁判員を務めることへの不安や辞退率の高さなどのトピックは積極的に報道するように思います。裁判員を務めて良かったという体験とかをなぜもっと特集しないのかという疑問は常に抱いているところです。また、裁判員経験者の交流組織があるということは非常に有意義だと思ってわれわれは活動しているわけですから、裁判員経験者の交流組織のことなどももっと取り上げてほしいと思っているのですが、これらの点についてはいかがお考えでしょうか。

滝口：それらの点につきまして、今、鋭意、原稿を準備中です（笑）。まさにおっしゃるとおりでして、以前に裁判員経験者の方が会見で「会社の人から『裁判員制度ってまだやってるんだ』と言われました」とおっしゃったことがあり驚いてコラムで紹介したことがあります。でも、実はその後、裁判員経験者の方々にお聞きしたら、「裁判員制度ってまだやってたんだね」「裁判員制度って本当にやってるんだね」と言われた経験がある人は複数いらっしゃって、私も世間一般の感覚とは違うところで取材をしていたなと最近思い直したところなんです。裁判所の方からも「報道がどんどん下火になっている」とか「死刑求刑になるような重大事件ばかりが報道されているために市民が『裁判員に選ばれたらこういう事件を裁かなくてはいけないのではないか』と不安を感じるケースがある」というご指摘を受けることもあります。このたび裁判員制度施行10年ということで、いろいろな報道機関で裁判員経験者の声を伝えるという取り組みをやっております。弊紙もうまく行けば今週中には記事にできると思います（笑）。一つひとつの体験というのは、突飛な、派手なことがなくても、「自分が裁判員になるかもしれない」という目線で記事を読むと非常にどれも考えさせられるものがあって、裁判員に選任されたときに具体的にイメージできるかどうかというところに非常に関わってくると思いますので、今後

も引き続き一人ひとりの裁判員の方の物語というものを紹介していきたいなと思っております。

牧野：ありがとうございます。

　裁判員体験が身近に広がっていって、裁判員は「誰でもやっている」こと、身近に経験を聞ける人がいるという社会にしていけば、もっと制度としても根づくのではないかと思っています。

▌裁判官にとっての裁判員裁判

牧野：続いて、稗田さんに裁判官から見た裁判員裁判の実情ということでお話しいただきたいと思います。

稗田：はい。さきほどからみなさんのお話をうかがっていて、特に今回ご登壇されていらっしゃる裁判員経験者5名の方々は、非常に熱意をもって裁判員裁判に参加していただいたのだなということがすごくよくわかって感激しております。それだけ熱心に参加していただけている理由は何なのだろうかということも考えてみました。

　実は私が裁判員裁判の裁判長をやっている頃に、選任手続が終わった直後、裁判員の方々に対する説明の

中で必ず申し上げていたことがあります。それは、裁判員制度の趣旨、要するに裁判官だけの感覚ではなくて国民の多様な視点、感覚というものを裁判の中にも反映させていくべきなのではないかということです。その趣旨を生かすためには、どうするべきかということもあわせて説明してまいりました。それは、「法律の素人だから……」といって遠慮するようなことはしないで、思いついたことはとにかく率直に言ってくださいということ。それが大切ですと。それとともに、他の人が言っていることをよく聞いてください。他の人の言っていることの中にすごく良い知恵があるかもしれない。それですごく良い知恵が出てきたら、もっと良い知恵はないかと考えてみてください。そうすることで議論が深まってより良い結論が出ると思いますということを伝えてまいりました。

　他方で、裁判員を務められるにあたってすぐにわからないことが出てきますから、わからないことが出てきたら、法廷で聞くわけにはいかないでしょうけれども、評議室に戻って休憩のときにでもすぐに「こんなことがおかしいと思う」など疑問点

について言ってくださいということも、裁判員の方々にお願いしてまいりました。そうすると、他の人から「これはこういうことじゃないかなあ」という良い知恵が出てくると思います。そうやって、審理をやりながらでも疑問点を解消していくと、あとで言いたいことをいくらでも言えるようになりますからということを、裁判員に選ばれた方々に対して申し上げていたんです。

多くの事件では審理が始まると、冒頭陳述後の休憩時間からいろいろな質問が出てきます。質問だけではなくて、審理内容について率直な感想や意見も出てきます。検察官のこういう点がおかしいとか、弁護人の言っていることがよくわからないとか、いろいろな意見がありますし、そういうのが出てくるんですね。そういう出てきたものを踏まえて、意見交換というより感想を交し合っていると、裁判体の間にチームとしての一体感が出てくるんです。それが出てくると、わりと気楽に思いついたことを発言できるようになります。そういうふうにフランクに発言できるようになっていくと、最後の評議がすごく充実するということが経験

上いえると思います。それぞれの裁判員のみなさんが、他の人の意見も聞いて、良い知恵を出し合って、議論を深めて、ひとつの結論を得る。そのことによって、全員でひとつの結論を出せたというすごく心地良い達成感が得られる。それがおそらく裁判員制度に対してみなさんから良い評価をいただいている理由なのかなと私は思っております。

これに対して、傍（はた）から見ていると、結局、裁判制度って国民の代表である裁判員に入ってもらっても専門家である裁判官が全部結論決めちゃってるんじゃないのっていうことを言う人がときどきいらっしゃるということは、私もそういう人に接したことがあるのでわかります（笑）。ただ、実際には、そんなことは全然ないです。良い評議をするためには2つ条件があって、ひとつはさきほど森岡さんがおっしゃっていたように、事件を担当する裁判官、検察官、弁護人が、目で見て、耳で聞いて理解できて、心証を形成することができるようなわかりやすい審理を行うということです。もうひとつは、さきほど申し上げたように、裁判官がいろいろ配慮して裁判員との間にチ

ームとしての一体感が醸成されてくるようにどんどんどんどん意見とか質問とかを引き出していく、思いついたことを何でも言い合えるような雰囲気をつくり出すということです。この2つができれば、本当に裁判員のみなさんは積極的かつ真剣に事件の問題点について議論をしてくださって、貴重な意見を述べて、議論を尽くしてくださいます。その意見の中には、普通だったら裁判官が気づかなかったような点について「なるほど」と考え直させてくれるような意見もありますし、判決の理由づけを考えているときに「あっ、それって本当に説得力が出るね」っていうことを言っていただいてそれが判決文の中に入るということもあるんですね。そういう議論の内容が判決の中に反映されているんだということをご理解いただきたいなと思います。

　量刑の傾向については、裁判員裁判が始まってから明らかに変化が出ています。事実認定は、同じ証拠を見て、みんなで議論すると、結局は全員一致になることが多いものですから、裁判員の意見が目に見えてどこに反映されているというのは言いにくいところがあるんですけれども、

でも実際には裁判官も裁判員も他の人の意見を聞いて自分の意見を修正しながら議論をしています。この過程を通じて、裁判員の方々の意見は間違いなく判断内容に影響していますし、判決の理由の内容には間違いなくそれが反映されていると思っていただければと思います。

　あと、若干補足として、今申し上げたように、裁判員、補充裁判員のみなさんが、実際に参加している実情という意味では、裁判員制度は、施行前に予想していたよりもはるかにみなさんに頑張っていただいて、刑事裁判に本当に良い影響を与えているなと思っています。私は施行準備にもずっと関わりましたので、そのことを強く感じています。ただ他方で、まだまだ課題は大きいなとも思っています。それは、ひとつには国民全体からの理解という意味で、当初は「やりたくない」という人が多いということがまさに表しているように、さらに企業等にはたらきかけて、参加しやすい環境の向上に向けて、裁判所としても取り組むべきでしょう。また、さきほどから言われているように、裁判員としての充実した体験をいろいろなところで回

りの人たちに伝えていただくということも大切なのだと思います。今回のシンポジウムもそういった意味で非常に貴重な機会だと思って、参加させていただきました。各種交流団体のみなさんにも、ぜひ頑張っていただきたいなと思っています。

もう一つ、刑事裁判への影響という意味で、さきほど森岡さんがおっしゃった点ですね、裁判員裁判の審理は直接主義、口頭主義、あるいは公判中心主義によるわかりやすい裁判に変わりつつあります。でも、未だに捜査段階の供述調書にこだわって、何を聴きたいのかよくわからない証人尋問や被告人質問をする検察官、弁護人の方がいるというのも事実です。それ以上に問題なこととして、裁判官のみの裁判では、未だに多くの証拠書類を使った、傍聴席で座って聴いていてもよく理解できないような審理をやっているというところもあります。このあたりにつきましては、事件によって審理のあり方が違わなくてはいけないところもたしかにあるんですけれども、やっぱり刑事裁判全体を見直すっていう意味で言うとまだ道半ばかなというふうに私は感じております。

牧野：ありがとうございました。

裁判官の方々にとっては素人の裁判員が裁判の過程に入ってくることについて、本当はためらいがあり、迷惑に感じているのではないかという疑問が私自身の中に少しありました。しかし今、率直な、前向きなご意見をうかがえて、とても素晴らしかったと思います。

稗田：すみません。今のその点については反論させてください（笑）。私は施行前の議論から関わっておりまして、裁判所は裁判員の方々が裁判の過程に入ってくることにためらいを感じたり、迷惑に感じたりしたことは、絶対にありません（笑）。当然、裁判員制度を導入すべきであるという前提で議論をしておりまして、そこは誤解のないようにお願いいたします。

牧野：はい、誤解しておりました（笑）。

それでは、せっかくの機会ですので、この点は稗田さんに聞いておきたいということがある方はいらっしゃいますでしょうか。

濱田：私でもよろしいでしょうか。

さきほどの点について、稗田さんが「裁判所として裁判員制度の導入

を否定したことはない」という趣旨のことをおっしゃったのは、まさにそのとおりです。しかし、刑事裁判官が毎年1回、合同で集まる会議の場で、たしか2002年だったと思いますが、新米の最高裁判事として私が列席したときに「裁判員制度なんてとんでもない」「こんな制度導入するべきではない」という勇ましい意見が飛び交っていてびっくりしたという経験を私はいたしました。ただ、裁判所としては、日弁連、法務省と協力して裁判員制度をつくったということでございます。個々の裁判官の中には、長年、精密司法で公正な裁判をやってきたという自負が非常に強い方々がいらっしゃったと、これは事実でございます。

牧野：なかなか興味深いお話ですね。

　それでは、フロアからのご質問も受けつけたいと思いますが、その前に裁判員Cさんから稗田さんに質問です。

裁判員C：稗田先生に質問です。なかなか裁判員が経験を語れないという守秘義務の問題がございます。私も裁判員を経験したひとりです。日常に戻っても、同じ職場の人間が、気を遣って何も聞いてこないという

ことを体験しました。私としては、守秘義務の範囲を理解しているつもりで、自分の経験を可能なかぎり語りたいと考えていたのですが、誰も聞いてくれませんでした（笑）。

　そんなとき、とある裁判員経験者の交流団体の会合の中で、ある裁判官の方から「自分だって家に帰って、妻に今日の公判はこんな感じだったよってしゃべるんだよ。裁判員経験者の方がじっと我慢するのはおかしいと思うな」というようなことをおっしゃっていただきました。稗田先生も家に帰って、裁判のことについてお話しされることはあったのでしょうか（笑）。

稗田：事件の中身を話したり、法廷でこんなことあったよという程度のことを話すことはありました。ただ、評議については、評議の中で誰かがこんなことを言っていたよという類のことはしゃべらなかったですね。

　守秘義務のことについても、そういう意味でいうと、ご指摘のとおりでいろいろなアンケート調査なんかの結果を拝見していても、むしろ周りの人たちが遠慮してしまって、本当は守秘義務の範囲ではないような体験談についても聞こうとしないと、

それが悩ましいという意見が結構あるなというのを私も感じています。それは良くないなと思います。それで、最近は裁判所の方も具体例を挙げて守秘義務の範囲というのを説明するようになったという話を聞いています。そういう配慮は必要なのではないかと私も思います。

守秘義務の範囲についてはさまざまなご意見があると思いますが、今の守秘義務の範囲でも、語っていただくことが可能な体験談はたくさんあると思います。そういう意味でいうと、ぜひマスコミのみなさんにお願いしたいことなのですが、具体的な事例を挙げずに「守秘義務が重すぎる」という表現で報道されてしまうと、その情報を受け取った市民は「守秘義務はすごく重いんだ」とみんな思ってしまうので、そのあたりも配慮していただけるとありがたいなという気はしています。

牧野：今の稗田さんのコメントにつきましては、さきほどの濱田さんのコメントのように私からコメントさせてください。

私は、守秘義務は重すぎると思っています。マスコミは、それを伝えきれていないと思っています。守秘義務の弊害というのは、裁判員の心理状態だけの問題ではありません。最高裁の総括報告書では守秘義務の問題を裁判員の負担の覧だけで扱っていますが、裁判員の経験が社会に伝わらないという社会の損失が一番問題なのではないかと、私は思っています。市民の声を裁判に取り入れようという制度なのに、結局は市民の声に蓋をしているという弊害が一番大きいのだと思います。そういう意味で、守秘義務は重すぎます。その重大さをもっと市民に伝えていくべきだと思っています（笑）。

■ 質疑応答

質問1（門野博さん）

元裁判官の門野博と申します。2つ質問があります。

先日、産経新聞社さんの方から裁判員制度の特集記事の取材を受けまして、殺人とか殺人未遂とかについて刑が両極化しているというか、裁判員の方々は介護殺人のようなケースについては非常に理解を示したような判断をする傾向にあって、そうではないケースについては懲役刑の年数が1年とか2年とか厳しくなっ

ているという状況について話をしました。裁判員の方々は一般の市民として、例えば介護している人の気持ちなどはよくわかるのだと思うけれどもただ一般的に言えば、被害者になる可能性はあるわけですから、被害者の気持ちというのはよく共感できると思うんですね。しかし、加害者に対して共感するという場面はあまりないのかもしれないけれども、理由のない殺人というのは少ないわけで、裁判員の方々の加害者に対する共感という点が少し薄いのではないか、そういうところに若干厳罰化していることの理由があるのではないかという感じを抱くときがございます。そういった点について、どのような見解というか、感想やお考えをお持ちかということを、裁判員経験者の方に聞いてみたいと思いました。

裁判員A：今おっしゃっていた介護殺人のようなケースには、私は非常に共感できます。そして、私がもし介護殺人事件の裁判員になったとしたら、その事件の加害者や被害者の意思に寄り添った判断をしたいなとは思います。

　厳罰化に関して言うと、ケースによっては厳罰化もやむを得ないのではないかなというのが私の意見です。最近あった事件でいうと、例えば、いわゆる東名あおり運転事故だとかそういった事件で、もし裁判員裁判ではなかったらどういう判断が出ていたのかなということを考えたりしたときに、厳罰化と言われる傾向にあることも仕方ないのではないかと思うことがあります。

裁判員C：何人かの裁判員経験者の方々と話していて、感情に引っ張られないように判断しようという思いは、多くの裁判員の共通意識としてあるのではないかと感じています。私自身、被害者の遺族の方が泣きながら法廷でお話をされる場面を経験しましたけれども、ここでもらい泣きをしてはいけないと思いながら裁判員を務めていました。感情ではなく、すべて公判に出てきた証拠をもとに判断すべきだと思っておりましたので、厳罰化という傾向はあるような気はしていますけれども、私は共感したりしないように極めて冷静に判断しようと一生懸命に考えていました。どちらかというと、罪の重さや内容がどうであれ、被告人のこれからの人生と更生を一生懸命に考

えていました。共感ということとは少し違うのかなと。私と同じように、被告人に反感を持って判断を下すような裁判員は、割と少ないのではないかなと思っています。

質問2　（門野博さん）

稗田さんに対する質問です。量刑に関して、ある幅を超えると法令違反になるとの説明がありましたが、これは通説ないし一般的な考え方でしょうか。

稗田：これはおそらく、控訴理由として何に当たるかという議論をしたら、量刑不当という範疇（はんちゅう）に入るのがほとんどで、それが法令違反という範疇に入ってくるのは本当に極端な事例なのだろうとは思います。話題になった例で言いますと、児童虐待による傷害致死事件で、最高裁で破棄されたものがあったと思います。懲役10年の求刑であったところ、懲役15年の判決を下したというものです。その判断を破った判決文などを読んでいると、実質的には法律違反だと言っていると理解して良いと私は思っております。そのような理解でございます。

牧野：ありがとうございました。他にいかがでしょうか。

質問3　（伊東裕司さん）

心理学の研究をしております伊東裕司と申します。稗田さんと裁判員経験者のみなさんにお聞きします。審理の途中で意見交換をすると、その時点での意見が強い仮説としてはたらき、後の意思決定を左右してしまうのではないでしょうか。

牧野：アメリカの陪審制度では中間評議は禁じられていますね。良い質問ですね。

稗田：審理の途中で意見交換ということについては、必ず「とにかく全部が終わってからでないと詰めた議論というのはできないですからね」ということは前提として裁判員の方々にお伝えします。ただ、そうは言いながらも、その時点で意見を交換して解消できる疑問は解消しておかないと、結局は裁判員の方々は意見を言いにくくなってくるんですよ。どんどん心の中に疑問をふくらませていると、「自分がこんな意見を言って良いのだろうか」というそういうことになってしまう。それは絶対に避けなければいけないので、とにかく感想でも良い、疑問でも良い、何でも思いついたことは言ってください。それについて他の人も感じた

041

ことがあったら言ってくださいと。ただし、それは本当にその段階での感触でみんなで話し合っているものであって、「それについてはこの後の証人から話が出るかもしれませんね」とか、「検察官と弁護人の論告弁論を聞いて議論しましょうね」などと言って、そのまま進んでいくと。だいたいそういうふうにやっていれば、私はそれによって最終評議で拘られる方がいらっしゃったという経験は持っておりません。

牧野：ありがとうございました。

　では、続いて裁判員経験者の方々にもお聞きしたいと思います。審理の途中で、疑問点の解消という範囲を超えて、最後の評議で本当は話をするような心証形成に当たる議論があったかどうか。どなたかコメントをいただけますか。

裁判員D：私は奇遇にも稗田さんの裁判体で裁判員を経験したのですが、その裁判は少し特殊な裁判で、証人が10人くらいいる裁判でした。ですので、さきほど稗田さんが言われたように「これまでの証言内容を踏まえて、次の証人でどんなことを聞くべきか、どんなことを確認するべきか」ということをある程度話してお

かないと後でもう一回というわけにはいかないので、その時点におけるポイントの確認というのは必要なのかなとは思います。その中で、事実認定を行ったりとか、裁定をやったりとか、誘導があったりとか、そういうことはなかったと記憶しております。

牧野：他の方はいかがでしょうか。評議の最終段階ですべきことを審理の途中でやってしまったという経験をされた方はいらっしゃいますでしょうか。

　（一同沈黙）

　特にいらっしゃらないようですね。伊東さんよろしいでしょうか。

質問4　（周防正行さん）

　稗田さんに質問です。裁判員裁判が職業裁判官だけの裁判に良い影響を与えているという何らかの兆候はありますか。

稗田：職業裁判官だけで裁判をするときの流儀というのはそれぞれ違うのでなかなか一概に言いにくいのですが、私自身は裁判員裁判が始まってから、裁判員裁判では判決の書き方はこういうかたちでした方が良い

のかなというのがありまして、それをそのまま職業裁判官だけの裁判でもやっていました。コンパクトに、端的に理由を書いていくということです。そのときには、裁判員の方々と議論してもきっと納得していただけるだろうという理屈しか使わないということは常に心がけていました。正直に言って、全国の裁判官の全部の判決を見てはいないですけれども、私と近しい裁判官の判決文は、職業裁判官だけの裁判でも、裁判員制度が始まって以降は同じような影響が出ているんじゃないかなということは感じています。ですから、そういうところに、裁判員裁判が職業裁判官だけの裁判に与えた良い兆候というものが出ているのではないかなと思います。

牧野：ありがとうございます。それではこれで、第1部を終わりにしたいと思います。第2部もご期待ください。

Column
①
判決の先にあるもの ― 記者の視点から

　９年前に裁判員を務めた男性の話が今も胸に残っています。男性が裁いたのは、妻の前夫との間の子だった女の子を殴って死亡させた男の虐待事件でした。女の子は当時３歳。お漏らしをしたというだけで暴力をふるわれ、体には80以上のあざができていました。

　「生きていれば僕の一人娘と同じ年齢。誕生日も同じ月でした」。男性は裁判から２年近くたった頃、取材に応じてくれました。期間中は審理を終えたその足で娘を迎えに保育園へ行っていたといいます。

　「パパー」と教室を駆けてくる娘を抱きかかえて帰宅し、翌日また法廷に通う。屈託のない娘の笑顔に、かえって胸が締め付けられる日々だったそうです。不憫な幼子と娘を重ねて感情が入る一方、男にも虐待された幼少期があったことなどを知り、冷静な判断に努めました。「僕の中ですごく大きな出来事だった。こんなことが起きない社会の仕組みをつくらないといけない」。裁判を経て、男性は政治や行政に関するニュースの見方が変わったと教えてくれました。

　裁判員の取材を続けると実に多様な意見が聞こえてきます。職業や年齢によって人生経験が異なる分、こちらが思いも寄らない視点を持つ人も少なくありませんでした。

　2014年、大阪で裁判員経験者などによる座談会を開いていた「裁判員ACT」の取材をきっかけにして、私の中でも九州で「語り場」をつくれないかという思いが湧きました。同じ考えを持った経験者や司法制度に

関心の高い主婦、事件に精通した弁護士たちと福岡市を拠点にする裁判員経験者の交流会「インカフェ」をつくりました。同じ年の11月のことです。

団体名には「裁判インなど市民が集うカフェ」という思いが込められています。裁判員経験の有無という垣根を越えて、誰もが気軽に語り合える場を提供しようという試みでした。

活動は数か月に一度。10〜20人が貸し会議室で車座（くるまざ）になり、経験者の発表をもとにして意見を交わします。裁判員を経験したことのない会社員や学生から、大学教授、保護司、同業他社の記者と顔ぶれはさまざまです。近県からの来訪もあります。

「話せたことで気持ちが軽くなりました」。経験者たちの言葉です。人に語ることは、被告の人生を左右する判断をした重圧をほぐし、心のケアにもつながると感じます。

インカフェに通うある経験者は、殺人罪に問われた軽度の知的障害のある被告を裁きました。納得して実刑判決を下したものの、「刑務所ではどんな教育を受けるのだろう。出所後は暮らしていけるのだろうか」と疑問が湧いたといいます。刑務所や少年院での処遇内容を知った上で裁きの場に加わっている裁判員はそう多くはありません。くじで選ばれ、初めて法廷に足を運ぶ人が多勢であることを考えれば当然のことです。

それでも、裁判を通じて被告と向き合った経験が、人の「罪と更生」に着目するきっかけになっていることは間違いなく、実際に矯正施設を見学する経験者もいます。インカフェでは服役経験のある人を講師に招くこともありました。

裁判員制度が社会に定着していくことは、再犯を防ぐ政策への理解を助け、十分とはいえない被害者や遺族に対する補償のあり方を考えるきっかけにもなります。

　制度は2019年で導入から10年がたち、この間に９万人を超える市民が１万人を超える被告を裁いてきました。ただ私たちが普段生活する中で経験者の生の声を聞くことはほとんどありません。
　守秘義務のあり方に注文を付ける経験者が多くいます。インカフェでも「範囲が分かりづらく、こういう場合はどう？」と具体的な線引きについての質問がよくあり、メンバーの弁護士が解説しています。取材では「何かの拍子に守秘義務違反になると嫌なので裁判のことは家族にも話していません」という人もいました。守秘義務は想像以上に、素人である裁判員に重くのしかかっています。
　国のアンケートでは９割を超える裁判員が「良い経験」と答える一方、裁判員候補者の辞退率は年々増えています。この状況は、裁判員体験の共有が社会で進んでいないことの表れと私の目には映ります。

　コラムの冒頭に紹介した経験者の男性は、裁判長に女の子の生まれた日を尋ね、命日とともにスマートフォンに登録していました。年に二度、アラーム音とともに通知されるといいます。「生きていたら何をしていたのでしょうか。その日くらい女の子のことを考えてあげたいと思います」。男性の自らに言い聞かせるように話す姿が印象的でした。
　社会のありよう、司法制度のあり方……。裁判員には、判決の先にもさまざまな思いがあります。体験が個人にとどまらず家族や知人へと共有されていけば、ひいては社会の貴重な「財産」になるのではないで

しょうか。インカフェもその一助になればと考えています。

一瀬圭司（西日本新聞記者）

Ⅱ

市民参加の展望

公開シンポジウム「裁判員制度の10年」の第 2 部を収録

1　共同提言 ― 守秘義務の見直し

大城　聡（弁護士）

西村寛子（臨床心理士）

大城：みなさん、こんにちは。引き続き、第2部もよろしくお願いいたします。裁判員経験者ネットワークで共同代表世話人のひとりを務めております、また裁判員ネットの代表も務めております、弁護士の大城と申します。裁判員経験者ネットワークで臨床心理士を務めている西村さんと一緒に共同提言をさせていただきたいと思います（共同提言全文は55ページに掲載）。

　共同提言。守秘義務の緩和を求める。議論の自由を保障し、プライバシーを保護するという守秘義務の機能を維持しつつ、過度な守秘義務による弊害を除去するために、評議の内容は発言者を特定しないかぎり、裁判員経験者が原則として自由に話せるように、裁判員法70条を改正することを求めます。

　提言の理由を、大きく二つに分けてこれからご説明いたします。まず、守秘義務を緩和すべき必要性についてです。さきほど、第1部でも出てきましたが、裁判員法は評議の秘密を守秘義務の対象としています。適切な守秘義務というのは、評議における自由な意見表明を保障するという重要な役割を果たしているためです。もし、守秘義務がなくなってしまうと、裁判員裁判の終わったあとで「誰々がこんなことを言っていた」というような情報が漏れて、事件関係者が報復されるとか、嫌がらせを受けるなどの心配があるため、自由に話せるように守秘義務はあります。このことは大切な点ですし、私たちの提言の中でもそこを前提として、しかし少し見直した方が良いのではないかということを提案しています。

　現状では、評議の内容すべてが守秘義務の対象となっています。そのことによって生じている弊害は、ひとつは裁判員経験者の表現の自由が制限されているということです。もうひとつは、裁判員経験者に評議の内容を話せないという心理的負担を与えているということです。3つ目は、裁判員の経験の制度への反映が妨げられているということです。4つ目は、評議が適正に運営、進行されているか、評議を検証するための材料を守秘義務があること

によって得られなくなっているということです。5つ目は、これらが合わさって、裁判員裁判について国民の知る権利が著しく制限され、裁判員制度による刑事裁判の改善の議論が世間で活性化しない原因となっているということです。

　今、5つ挙げた点の中で、最も大事だと思われる心の負担（心理的な負担）の問題に関して、臨床心理士の西村さんから少し詳しく説明をしていただきたいと思います。それでは、西村さん、よろしくお願いします。

西村：臨床心理士で裁判員経験者ネットワークの世話人の西村です。よろしくお願いいたします。

　下のグラフは、2014年に明治安田こころの健康財団で研究助成金をもらって、裁判員の方の心の負担のアンケートをしたときの結果をまとめたものです。裁判員裁判を経験する前、それから裁判員裁判の渦中にあるとき、終わった直後、そして裁判員裁判を経験してしばらく経った後の裁判員の心の負担について、細かくアンケートをとっております。今日は、心の負担としてはどういうものがあるのかということをお伝えしながら、守秘義務の問題を

どのような理由でこころの負担をどの程度強く感じたか？

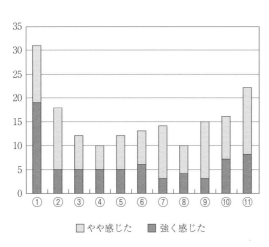

①人の運命を決めてしまうこと
②残酷な証拠写真や証言を見聞したとき
③犯罪の「追体験」により「恐怖感」を感じたとき
④こころの重さに伴う身体の不調
⑤評議で自分の意見と他の意見との調整が苦痛
⑥日常から離れた場所で長時間勤務することへの不安
⑦日常の仕事・家事ができなくなることへの不満やあせり
⑧顔を知られたことによる報復への不安
⑨評議の理解が難しいことによるあせりや無力感
⑩裁判員（候補者）であることを公表できないことへの苦痛
⑪「守秘義務」の範囲がはっきり理解できないことでの戸惑い

□やや感じた　■強く感じた

大城　聡（おおしろ・さとる）

1974年生まれ、東京都武蔵野市出身。弁護士（東京千代田法律事務所）。一般社団法人裁判員ネット代表理事、裁判員経験者ネットワーク共同代表世話人、福島の子どもたちを守る法律家ネットワーク（SAFLAN）事務局長、築地市場移転問題弁護団事務局長を務めるなど公益活動を積極的に行う。昭和薬科大学非常勤講師（憲法）。沖縄国際大学沖縄法政研究所特別研究員。東日本大震災復興支援財団監事。全国災害ボランティア支援団体ネットワーク（JVOAD）監事。日本ペンクラブ会員。2015年の裁判員法改正では衆議院法務委員会に参考人として出席して意見を述べる。NHKクローズアップ現代＋「あなたが裁判員に！その時何が？」などに出演。主要著書（共著含む）として、『あなたが変える裁判員制度』（同時代社）、『あなたも明日は裁判員!?』（日本評論社）、『裁判員裁判のいま―市民参加の裁判員裁判制度7年経過の検証―』（成文堂）、『良心的裁判員拒否と責任ある参加』（公人の友社）、『裁判員制度と知る権利』（現代書館）、『築地移転の謎　なぜ汚染地なのか』（花伝社）、『原発避難白書』（人文書院）。主要論文（共著含む）として、「裁判員制度と法教育」（法と教育学会誌『法と教育　Vol.4』）、「裁判員の義務・負担」（『刑事法ジャーナル』2014 vol.39）、「裁判員裁判における裁判員の家族にも話せない苦痛の実態」（明治安田こころの健康財団 研究助成論文集 通巻第50号）、「刑事裁判の『担い手』としての市民」（『都市問題』2012年5月号）など。

考えていきたいと思います。

　まず、裁判員の方は、人の運命を決めてしまうことを負担だと思っております。これは当然といえば当然です。「裁判員という『人』ではなく『法』によって裁くのだから、それほど負担に思わなくていいんですよ」とおっしゃっていた裁判官の方がいらっしゃって、それはとても裁判員にとって安心というか、心強いお言葉だと思いました。しかし、実際に裁判員に選ばれて、評議、評決をして、やはり自分が人の運命を決めてしまうんだということに関して、一般の市民の方々は想像以上の責任と負担を感じてしまうのだろうと思います。

　それから次に、残酷な証拠写真や証言を見聞きすることも、多くの裁判員の方にとって心の負担となっています。このあたりの工夫については、裁判所など各所で随分と配慮されるようになってきているように思います。

　さらに、守秘義務の範囲をよく理解できないことに対する戸惑いも、大きな心の負担として挙がっています。評議の中で自由に発言する権利というのはもちろんあるわけですけれども、家に帰ってですとか、身内に対して、裁判員裁判をやっている最中にどこまで話していいのかということが全然わからなくて、ある人は一切家族にも誰にも裁判のことを話さなかったとか、そ

の範囲がわからないので何も話さないことが安全だと思ったと発言される方も多くいらっしゃいます。前者の二つに関しては、裁判が終わりますとちょっとほっとしたり、あるいは達成感があったりして、少しダウンしていくんですけれども、守秘義務に対する負担感は、裁判が終わった後も、そのしばらく経った後も、みなさんが抱えていらっしゃることがデータとしても出ております。

　そして、裁判員経験の共有を妨げる二つの壁がございます。裁判員経験者の95％以上がその経験を良かったと言っている一方で、その二つの壁があるので、経験が共有できないということを申し述べたいと思います。

　まず、裁判員候補者であることの公表禁止規定がございます。これは裁判が始まる前のことで、非常に多くの人が候補者になるわけですけれども、ここで既に公表禁止規定があるということで、広く見れば守秘義務的な網が多くの方にかけられているわけですね。

　次に、自分が裁判員になったら評議の内容などを公表することは裁判員体験が終わってもしてはいけないという守秘義務があります。違反すると罰金を科せられることもあります。実際に罰金刑に科せられた方はいないというふうに聞いておりますけれども、経験者の方はそういう「御達し」ということに対しては、真面目に「言ってはいけないらしい。どの範囲かわからないから、言わないに越したことはない」と気にする方もいます。あまりそういうことは気にならないという方もいらっしゃるんですけれども、気にする方が一定割合以上いるということは、表現の自由を妨げていると思っております。

大城：はい、ありがとうございます。裁判員候補者であることの公表禁止規定は、直接的には守秘義務ではないのですが、さきほど第一部の中で裁判員経験者の守秘義務の範囲を誤解している方が周囲に多いことの実は一番の原因と思っています。裁判員経験者であること、裁判員を務めたことは、本人が公表しても何の問題もないのです。守秘義務に反しない。でも、裁判員になる前は、候補者通知が来たことをブログなどに公にしてはいけないという規定があります。この規定がゴチャゴチャになって理解されている。説明の

中でわかりにくいところがあったと思うのですが、公表禁止規定には罰則はない、ないのだけれどもここは日本人の特性というか最高裁から通知が来て、そのときに「公にしないでくださいね」と言われてすごく萎縮してしまう。それが最後のところまで、務め終わった後までとか、あるいは周りの人にも影響を与えてしまって、「裁判員を経験したあの人は、体験を私たちに伝えられないのではないか」と思わせてしまっていると考えられます。裁判員経験者の守秘義務とセットで裁判員候補者になったときの守秘義務の問題も考えていきたいと思っています。

　では、具体的にどういうふうに見直していくのかということですが、発言者を特定したかたちでの評議の意見の内容について、「裁判員経験者の○○さんという人が、評議の中で具体的にこう言っていました」というようなことは、引き続き守秘義務の対象とすべきだと考えています。次に、事件関係者のプライバシーに関する事項や裁判員の名前などの職務上知り得た秘密も、同様に守秘義務の対象とすべきです。それ以外は、原則として自由に話せるようにすべきです。裁判員または補充裁判員であった人が、評議に関して話をしても、発言者を特定しない方法であれば、守秘義務違反にならないように裁判員法70条（守秘義務について規定した条文）を改正すべきです。これによって、原則禁止という現状から、原則自由に話していいですよというふうに転換をするということです。これを具体化したものが先ほど冒頭にお伝えした共同提言です。私たち市民団体で裁判員制度にかかわっていて、やはり裁判員の経験を共有するこの制度が市民社会の中できちんと育っていくためには、経験した方の生の言葉がしっかりと伝わっていく、あるいはそのことによって制度を検証できることが大事だと考えていますので、この裁判員制度10年の節目を迎えるタイミングで改めて市民団体で共同して守秘義務を緩和するように提言をしたいと思います。私たちからの発表は以上にさせていただきます。どうもありがとうございます。

守秘義務の緩和を求める　共同提言

＜ 共 同 提 言 ＞

　議論の自由を保障し、プライバシーを保護するという守秘義務の機能を維持しつつ、過度な守秘義務による弊害を除去するために、評議の内容は発言者を特定しない限り、裁判員経験者が原則自由に話せるように裁判員法70条を改正することを求めます。

＜ 提 言 の 理 由 ＞

1　守秘義務を緩和すべき必要性

　裁判員法は、「評議の秘密」を守秘義務の対象としています（裁判員法9条2項、70条1項）。評議の適切な守秘義務は、評議における自由な意見表明を保障する重要な機能を有しています。しかし、評議内容の全てを守秘義務の対象とすることにより、次のような重大な弊害が生じています。

　①裁判員経験者の表現の自由が制限される。

　②裁判員経験者に評議の内容が話せないという心理的負担を与える。

　③評議における市民の視点からの意見や議論等の貴重な裁判員の経験の共有化が妨げられる。

　④評議が適正に進行運営されているかなど評議を検証するための材料が得られない。

　⑤その結果裁判員裁判について、国民の知る権利が著しく制限され、裁判員制度による刑事裁判改善の議論が社会で活性化しない原因になっている。

　そこで、評議についての守秘義務の必要な機能は確保しつつ、これらの重大な弊害を除去できるように守秘義務規定の範囲を見直すべきだと考えます。

2　守秘義務の範囲を限定する

　発言者を特定して評議での意見の内容を漏らすことがあると自由な意見が述べにくくなるおそれがあります。また、事件関係者のプライバシーに関す

る事項や裁判員の名前など職務上知り得た秘密は、プライバシー保護の観点
から引き続き守秘義務の対象にする必要があります。これらの事項が守秘義
務で守られていれば、それ以外は原則自由に話せるようにすべきです。そう
すれば、上記の重大な弊害を除去することができます。具体的には、裁判員
または補充裁判員であった者が評議に関して話しても発言者を特定しない方
法であれば守秘義務違反にならないように裁判員法70条を改正すべきです。

　以上のとおり、守秘義務を緩和するように提言します。

　　2019年 5 月19日

　　　　　　　　　　　　　　　　裁判員経験者ネットワーク
　　　　　　　　　　　　　　　　一般社団法人裁判員ネット
　　　　　　　　　　　　　　　　裁判員ラウンジ
　　　　　　　　　　　　　　　　陪審裁判を考える会
　　　　　　　　　　　　　　　　市民の裁判員制度めざす会
　　　　　　　　　　　　　　　　裁判員交流会インカフェ九州有志一同

2　裁判員制度の課題と展望 ─ 次の10年に向けて

はじめに

牧野：それでは、第2部のパネルディスカッションに入っていきたいと思います。「課題と展望について ─ 次の10年に向けて」と題して、「裁判員制度の徹底検証」「誤判防止の役割」「裁判員制度を支える社会の仕組み」について、パネルディスカッションを行いたいと思います。

　パネリストのみなさんをご紹介します。一橋大学法学研究科教授で元裁判官の青木孝之さん、映画監督の周防正行さん、成城大学法学部教授の指宿信さん、専修大学法学部教授の飯考行さん、弁護士の大城聡さんです。コーディネーターは第1部に引き続き、弁護士の牧野茂です。それでは、よろしくお願いいたします。

裁判員制度の徹底検証

牧野：まず「裁判員制度の徹底検証」について議論し、その後で「誤判防止に向けて」より前向きな発展型の議論をしていきたいと考えてい

ます。「徹底検証」というくらいですから、良い点も悪い点も全て議論していきたいと思っています、論客はそろっていますので。パネリストのみなさんは、おっしゃりたいことを余すことなく語ってください。

　最初に、裁判員制度導入の成果については、第1部でも言及がありましたが、簡単にもう一回ふり返ってみたいと思います。刑事裁判制度、審理や公判準備に与えた点について、青木さん、簡単にまとめていただけますでしょうか。

青木：ご紹介いただいた青木と申します。学会の議論のようになってしまっても、今回のシンポジウムの趣旨に反しますので、できるかぎり難しい専門用語などを避けて、平易な内容で語ることを心がけたいと思います。

　裁判員制度導入の成果ということですが、裁判員制度を導入したそのこと自体による成果とともに、それにともなって刑事訴訟法という法律にいろいろと手直しが入りまして、そのことの成果も、第1部の稗田さ

青木孝之（あおき・たかゆき）

1961年、大阪市生まれ。1985年3月、京都大学法学部卒業。1994年4月、福岡地方裁判所判事補任官、以後、名古屋、沖縄、東京の各地で勤務。2004年4月、判事補任期満了退官。同年同月、琉球大学法文学部教授。2009年4月、駿河台大学法科大学院教授。2014年4月より一橋大学法学研究科教授。東京弁護士会会員。主要著書として、『刑事司法改革と裁判員制度』（日本評論社 2013）、木谷明編『刑事事実認定の基本問題』（成文堂 2018）。主要論文として、「取調べ可視化論の整理と検討」琉大法学81号（2009）、「争いのある事件における手続二分」季刊刑事弁護72号（2012）、「取調べを録音・録画した記録媒体の実質証拠利用」慶應法学31号（2015）、「原稿刑事訴訟法における当事者主義」一橋法学15巻2号（2016）、「平成28年改正刑訴法等のアセスメント」一橋法学16巻3号（2017）、「犯人識別供述の信用性」一橋法学17巻3号（2018）。

んのお話の一端にもありましたように出ているのだと思います。簡単に申しますと、公判中心主義、あるいは直接主義・口頭主義を実質化した審理という言い方を専門用語ではいたしますが、（書類の受け渡しが中心の）傍聴席から見ていて何をやっ

ているかいまひとつよくわからない裁判から、証人尋問などが中心のその場で言葉のやりとりが交わされて、何を議論しているのか、何を争点にして何を目的に審理しているのか、見ていて比較的わかりやすい審理になったということは、間違いなく言えるだろうと思います。これは、捜査段階で作成された書類を中心に審理の基軸に据えていくというやり方から、法廷に来て、その人を対象にいろいろ話を聞き取っていくいわば「ライブ一発撮り」のような審理のやり方に変わったことを意味しておりますので、捜査と公判のバランスをやや改善したと言えるのではないかと思います。そのようなやり方を実現するためには、捜査段階の書類も含めた検察官手持ちの証拠を準備の段階で十分に整理しておかなければなりませんので、以前に比べれば審理に先立って弁護人に開示される証拠の量が飛躍的に増えました。難しいスキームは省略しますけれども、弁護人の情報量が増えたということです。もちろん弁護人に開示される情報量が十分か不十分かは議論のあるところで、あとからおそらく周防さんや指宿さんから厳しいご指摘が

いろいろと出るのではないかと思います。しかしながら、以前の刑事手続を知る者にとっては、弁護人が入手できる情報の量が飛躍的に増えたことにともなって、弁護の活動も、検察官の捜査活動を弾劾、すなわち「検察官の主張のこの点とこの点がおかしい」ということを反対尋問で食い下がって粘り強く指摘していくというようなリアクティブなやり方（検察官のアクションに対してリアクションしていくというやり方）から、プロアクティブ（能動的）なやり方が可能になってきた。手持ちの情報量が多いですから、能動的に「検察官はこの事件をこういう事件だと言っているけれども、そうではない。弁護の側から見たら、この事件はこういう事件なんだ」というような提示の仕方も可能になって、法廷弁護技術は飛躍的に進化したと私は思っています。

　まとめますと、直接主義・口頭主義を実質化した審理が実現したことの前提として、公判前整理手続と呼ばれる準備手続における証拠開示の量が飛躍的に増大して弁護人の手持ちの情報量が非常に増えた。だから、弁護人も能動的な活動がある程度で

きるようになった。またそれがクオリティとして求められるような時代にもなった。ざっとそのようなところでしょうか。

牧野：ありがとうございます。続いて、判決内容への影響について議論していきたいと思います。ひとつには無罪事件が多く登場するようになったといわれています。今まででは無罪にできなかったような覚せい剤密輸事件の無罪判決や、鹿児島の強盗殺人事件で「疑わしきは被告人の利益に」の原則を実現したような判決が出ています。量刑についても、裁判員が入ったことによって、更生や処遇を考えた判決が出るようになったということも、一部で指摘されるようになってきています。無罪判決が増えたのではないかなどの点について、指宿さんからコメントをいただけますでしょうか。

指宿：メディアでも、アメリカの無罪率は高いのに日本の無罪率は低すぎるんじゃないか、裁判員裁判でも変わらない（低いまま）じゃないかという報道も多いので、きちんと比較しておいた方が良いなと思いました。たしかに、統計の数値を見ると、0.1％や0.2％で、日本の無罪率は低

日本の裁判員裁判の無罪率

	処理人員総数（A）	有罪人員（B）	無罪人員（C）	無罪率（C／A）	否認人員（D）	否認中無罪率（C／D）
2009年5月～2019年3月	12,081	11,727	104	0.8%	5,417	1.9%
2017年1月～2017年12月	993	931	20	2.0%	513	3.8%

アメリカ・ニューヨーク州裁判所の2016年における重罪裁判の無罪率

管轄	送致人員（A）	処理人員（B）	有罪答弁（C）	有罪答弁率（C／B）	陪審有罪（D）	陪審無罪（E）	非陪審裁判（F）	陪審無罪率（E／D＋E）	公判無罪率（E／D＋E＋F）	無罪率（E／B）
全州	43,139	46,287	40,332	87.1%	1,030	373	299	26.6%	21.9%	0.9%
ニューヨーク市	19,667	20,830	17,447	83.7%	520	223	98	30.0%	26.5%	1.0%
ニューヨーク区	6,226	6,894	5,699	82.7%	228	75	26	24.7%	22.7%	1.0%

すぎるんじゃないかと言いたくなるのもわかります。

　日本は、裁判員裁判も、非裁判員裁判も、自白事件も、否認事件も、同じ手続きで処理されるんですね。ランナーで例えるなら、同じトラックを走るイメージです。ところが、アメリカでは違います。みなさんご存じの陪審裁判というのは基本的に否認事件です。自白事件ではないのです。そのような違いがある中で統計がとられると不適切な比較になるんじゃないかということで、今年（令和元年）出た裁判員裁判10年の総括、それから平成29年の裁判員裁判の実施状況をデータにして比較してみたいと思います。「アメリカは……」と言っても広いので、大きく連邦と州の制度を分けて考えたときに、日本の裁判員裁判のイメージとしては連邦の裁判所ではなくて州の裁判所が比較対象としてふさわしいと考えて、ニューヨーク州の統計をとってきました。今回、裁判員裁判10年のデータによれば、処理人員が12,000人で、有罪人員が11,000人ちょっと、無罪人員が104人なので、無罪率は0.8％だということです。これが今、報道でひとり歩きしてい

指宿　信（いぶすき・まこと）

1959年、京都市生まれ。北海道大学大学院博士課程単位取得後退学。法学博士。鹿児島大学、立命館大学を経て2009年より成城大学法学部教授。刑事訴訟法専攻。この間、ジョン・マーシャル・ロースクール客員研究員、ニューサウス・ウェールズ大学フェロー、シドニー大学客員研究員。情報ネットワーク法学会副理事長、法と心理学会副理事長を歴任。「法律時報」誌並びに「季刊刑事弁護」誌編集委員、「法と心理」編集長を務める。2017年、成城大学に「治療的司法研究センター」を設立、センター長就任。裁判員裁判に関わる主要著書・論文として、編著『シリーズ　刑事司法を考える　全7巻』（岩波書店 2017）、「序論・裁判員裁判と量刑判断」季刊刑事弁護44号（2005）、「法廷プレゼンテーションとその規律」季刊刑事弁護46号（2006）、「裁判員裁判をどう闘うか〔1〕弁論技術その1　冒頭陳述を中心に」季刊刑事弁護51号（2007）、「裁判員裁判と死刑事件の弁護体制をめぐって」季刊刑事弁護59号（2009）、"Quo Vadis?": First Year Inspection to Japanese Mixed Jury Trial, (2010) Asian-Pacific Law and Policy Journal 12, no. 1 など。

る情報です。しかし、アメリカと比較するのであれば、否認事件に対して統計をとらないといけないと思うんですね。否認の人員は5,417人で、これだけを比較すると、否認人員中の無罪ということで比べると割合は1.9％となります。さらに、年度別

の統計で平成29年（2017年）をみて
みると、グッと上がって、全事件で
も処理人員が総数に対しても２％で
すし、否認での無罪率になると3.8
％、４％に近づいていくわけです。
それでは、アメリカはどうなんだと
いうことで、ニューヨーク州の2016
年の統計をみてみます。軽罪の裁判
は陪審裁判でやらないので、重罪だ
けが対象です。処理人員は46,287人
でした。さきほど申しましたように、
自白事件は公判が開かれないのです
が（一応裁判所の中に有罪答弁する
法廷があるのですが、ベルトコンベ
ア式に、弁護人立ち会いの上で「あ
なたは有罪答弁をすることを理解し
ていますか」と確認するに過ぎませ
ん）、これで87.1％、９割近くの事
件が処理されていることになります。
陪審裁判の対象となって有罪となる
のが1,030件、陪審無罪が373件、非
陪審の裁判が299件あるのですが、
陪審裁判は権利なので放棄すること
ができます。そうすると陪審の無罪
率は26.6％となります。これがメデ
ィアで取り上げられている４件に１
件は無罪ということなのですが、有
罪答弁を入れてみると、処理人員の
無罪率というのは0.9％で、日本と

それほど変わらないということがわ
かるんです。ニューヨーク市とか、
ニューヨーク区でみると、割合が上
がって１％くらいということになり
ます。日米の統計の差をみるとこう
いうことがわかる。つまり、アメリ
カの陪審裁判の無罪率は確かに高い
（否認事件で24％から30％）。これに
対して、日本の否認事件の無罪率は
２％から４％で、たしかにこれは大
きな差です。ただ、全事件に対する
無罪率というのは、日米でそれほど
大差がないというのがわかります。

　ここから考えなければいけないこ
とは、日本の裁判員裁判の課題は何
かということです。つまり、日本で
はなぜ否認事件の無罪率が低いのか
ということの仮説が４つくらい考え
られるのではないでしょうか。

　まず法曹界での通説で、検察がそ
もそも勝てる事件しか起訴しないか
らだということが言われています。
否認事件で負けそうな事件は検察側
が起訴しないのではないかというこ
とがひとつあります。あるいは、裁
判員裁判を避けて、非裁判員事件で
起訴しているかもしれないというこ
とです。なかなか検証しにくいので
すが、とにかく日本の検察官という

のは負けず嫌いです。負けず嫌いと言うと良い表現になってしまいますが、正確に言うと「負けそうな試合はしない」ということです。非常に慎重な姿勢をとっているといえます。被疑者側からすると、とても好ましいというふうにも受け取れると思います。

2番目の仮説は、弁護士の先生方への失礼を承知で申し上げますと、弁護活動が弱いのではないかということです。「弁護人がダメだから、否認しても無罪が取れないんじゃないか」という説もあると思います。これにつきましては、たしかに裁判員裁判が始まってまだ10年ですから、直接主義・口頭主義に応じたパフォーマンスに慣れていないということがあるのかもしれません。

それから、仮説の3番目は、手続的に弁護側が依然として不利なんじゃないかということです。検察側は、職業柄ずっと裁判員裁判ばかりやっているわけです。ところが、弁護士は裁判員裁判だけやって暮らしているわけではないですから、たまたま裁判員裁判を担当するというケースが多いのであって、みんながみんな慣れているわけではないですし、刑

事訴訟法に公判前整理手続など新しい規定が設けられ、慣れていない。さまざまな手続的要因から、弁護側の方が検察側に比べて不利なんじゃないかということがいえると思います。

4番目の仮説は、裁判官の方々や裁判員経験者の方々への失礼を承知で申し上げます。それは、裁判官や裁判員に被告人に対する予断があるのではないかということです。可能性として、そういったことも考えられます。

こういった4つの仮説をつぶしていかないと、日本ではなぜ否認事件の無罪率が低いのかということの本当の理由はわからないと思います。

牧野：指宿さん、ありがとうございました。仮説の1番目の「検察は勝てる事件しか起訴しない」というのは、たしか共同通信の竹田昌弘記者が起訴率のデータを載せて論評しておられたのを読んだ記憶があるので、そういった資料も参考になるかもしれません。

他の仮説については、いかがでしょうか。2番目の仮説については、私は弁護士としてコメントしがたいです。青木さんはいかがお考えです

飯　考行（いい・たかゆき）

1972年、仙台市生まれ。早稲田大学法学部卒業。
同大学大学院法学研究科修士課程・博士後期
課程修了。日本弁護士連合会司法改革調査室
嘱託・司法改革調査室研究員、早稲田大学助手、
弘前大学講師・准教授を経て、現在、専修大
学法学部教授。法社会学・司法制度論を専攻。
主要著書として、『あなたも明日は裁判員!?』
（日本評論社 2019）、『災害復興の法と法曹─未
来への政策的課題』（成文堂 2016）、『東日本大
震災からの復興（3）たちあがる　のだ　─
北リアス・岩手県九戸郡野田村の QOL を重視
した災害復興研究』（弘前大学出版会 2016）
（以上、共編著）。主要論文として、「裁判員裁
判・この人間的なるもの─10年間の実施状況
からあらためて考える」法学セミナー777号
（2019）、「裁判員ラウンジの試行」専修法学論
集135号（2019）、「裁判法の趣旨と実像」法
と社会研究 1 号（2015）など。

か。

青木：私も 4 番目の仮説については、
元裁判官としてコメントしがたいで
す。しかし、今の指宿さんの発表に
ついては、とくに異論はありません。

　非常に興味深いなと思ったことが
あります。1997年から1998年にかけ

て、私がミシガン州のデトロイトと
いうところにいたときに、陪審裁判
の否認事件で証拠調べをして決着を
つけるという類型になった事件では、
だいたい指宿さんのおっしゃったと
おりの無罪率でした。かなり無罪率
が高いなと裁判官の駆け出しとして
思ったのですけれども、事件の類型
の問題もありまして、証人の証言に
よって強盗が有罪か無罪かの結論が
入れ替わりやすい、また捜査の質も
あまり高くないという現実があった
ように思います。その一方で、連邦
地裁にかかっているような事件だと、
専門的な捜査機関（日本でいうと麻
薬取締局とか国税局など）による専
門性の高い捜査が遂げられて、慎重
に起訴がなされている事件では、や
はり無罪率がひと桁変わってきて、
さきほどの指宿さんのお話にあった
ように 2 〜 3 ％になっていく。深刻
に争われている事件の100件のうち
2 〜 3 件が無罪。そうなると、日本
とさほど変わらないなと当時の私は
思った記憶があります。そのことは、
当時の私が公刊したものにも書きま
した。そのとき書き加えたのは、私
個人の意見として、それでもなおや
はり日本の刑事公判の無罪率は低す

ぎると思っているということです。ただし、分母が違うんだというお話はさきほど指宿さんから的確に紹介していただきましたけれども、そういう統計の取り方とか、社会の中での実態の在り方とか、そういった要素を捨象して、数値だけをひとり歩きさせて議論するのではなくて、もしも刑事司法分野にとって健全な無罪率というものがあるのならば、それは何％くらいなのかというかたちで議論することは非常に生産的なことであろうと書いた記憶はございます。

牧野：青木さん、ありがとうございます。裁判官の意識変化についてはさきほど稗田さんからもお話がありましたので、今後に期待したいと思います。

　次に、裁判員制度が始まったことによる成果、刑事手続や判決内容の変化については今お話しいただきましたが、参加した市民や社会へ与えた影響は、法社会学の見地に立って飯さんはいかがお考えでしょうか。裁判員裁判を数多く傍聴された立場から、裁判員制度が社会に与えた影響について簡単にお話しください。

飯：さきほどお話がありましたとお

り、裁判員制度の影響としては、裁判の内容自体の変化と、その前の捜査などを含めた刑事手続全般の変化、そしてもうひとつ、裁判員制度が始まる頃はあまり予想されていなかったこととして、裁判員を務めた市民一人ひとりの変化といつ裁判員に選ばれてもおかしくないという市民一般の変化、ひいては日本社会全体の変化、こういった点が挙げられます。まだ裁判員制度が始まって10年ですので、確たる客観的な調査などは難しいのですが、社会への影響という意味で今述べたような変化の兆しはあると思っています。第1部で裁判員経験者の方々がおっしゃっていたとおり、裁判員を務めるまで不安だなと思っていたり、犯罪や司法は縁遠いと思ったりしていた人たちが、裁判員を実際に務めることによって、いわゆる「自分ごと」として犯罪や司法をとらえるようになったということが、その兆しのひとつであるといえましょう。「被告人」と聞いて「怖い人」だと思っていた市民が、裁判員として実際に被告人と向き合うことによって、実は「自分と同じ普通の人なんだ」と思ったという感想は、しばしば聞かれます。当該事

周防正行（すお・まさゆき）

映画監督。1956年生まれ。東京都出身。立教大学文学部仏文科卒。1989年、若き修行僧を描いた『ファンシイダンス』で一般映画監督デビュー。1992年、学生相撲を描いた『シコふんじゃった。』にて、数々の映画賞を受賞。1996年『Shall we ダンス？』で社交ダンスブームを巻き起こし、第20回日本アカデミー賞13部門独占受賞。全世界でも公開（2005年にハリウッドリメイクされた）。2007年『それでもボクはやってない』では日本の刑事裁判の内実を描き、第58回芸術選奨文部科学大臣賞を受賞。2011年、バレエ作品を映画化した『ダンシング・チャップリン』を発表。2012年『終の信託』では終末医療という題材に挑み、2014年『舞妓はレディ』では京都の花街を描いた。2016年、紫綬褒章を受章。最新作は、大正時代の活動写真弁士たちを描く『カツベン！』（2019年）。2011年6月に発足した、法制審議会「新時代の刑事司法制度特別部会」の委員を務める（2011〜2014年）。2018年3月、立教大学相撲部名誉監督就任。主要著書として、『Shall we ダンス？』アメリカを行く』（太田出版1998／文春文庫2001）、『スタジアムへ行こう！―周防正行のスポーツ観戦記』（角川書店2000）、『インド待ち』（集英社2001）、『アメリカ人が作った『Shall we dance？』（太田出版2005）、『それでもボクはやってない―日本の刑事裁判、まだまだ疑問あり！』（幻冬舎2007）、『周防正行のバレエ入門』（太田出版2011）、『それでもボクは会議で闘う―ドキュメント刑事司法改革―』（岩波書店2015）。

件の被告人を実際に自分の目で見て、その被告人を有罪と判断した場合にはどれくらいの刑罰にしようかなどと、自分の頭で考えることになります。いわば刑罰権という国家権力の行使を自分ごととして行うわけですね。また、目の前にいる被告人を通して、自分自身と照らし合わせながら、「この被告人はどうしたら更生するのだろうか」などとと考えもします。そうした経験が、裁判員に「自分も社会の一員なんだ」という意識を芽生えさせる原因となり、社会へ良い影響を及ぼす兆しになっていると思います。

　現在、およそ9万人の裁判員・補充裁判員の経験者の方々がいらっしゃいます。これからどんどん裁判員を務めた人が増えていくにしたがって、司法や社会に与える影響も目に見えないかたちで広がっていくのではないかと考えています。裁判員制度は、いつか裁判員に選ばれるかもしれない20歳以上の国民に対して、制度施行以前と比べて、司法や裁判、犯罪の報道などに広く関心を持たせる影響を与えているようにも思います。また、学校指導要領等の改正で、小学校、中学校、高等学校の授業の中で裁判員制度に関する教育をある程度行うようにさせるなど、教育の現場にも変化が表れています（もっとも、その教育内容が今のままで良いかは、ひとつの課題ではありますが）。こういったさまざまな面で、裁判員制度の社会への影響はあるよ

うに見受けられます。

牧野：飯さん、ありがとうございました。

　ここまでで、ひと通り「裁判員制度10年の成果」について語っていただいたように思います。ここからは、「裁判員制度10年の課題」という第2部の真骨頂にいよいよ入っていきます。立法面、運用面の重要な課題、とりわけ緊急に取り扱うべき課題について、これから語り合っていきたいと思います。

　最初に、「刑事裁判は誰のものか」という根本的な問いから入りたいと思います。逆の言い方をしますと、日本の刑事裁判は裁判員保護のための制度ではないはずです。保護や理解しやすい要請というのは必要だけれども、それは偏った視点ではないでしょうか。被告人に対する適正な刑事判決が本来の主題ではないかという原点から問い直してみたいと思います。この観点から、周防さん、何かコメントをいただけますでしょうか。

周防：周防です。よろしくお願いします。

　具体的なお話をした方が良いと思うんですけど、私が法制審議会に参加したとき、取調べの録音・録画が大きなテーマでした。ふり返ってみますと、検察も警察も、裁判員裁判対象事件の取調べに録音・録画を取り入れるところまでは妥協しようというのはあったように思います。つまり、裁判員制度が始まったことの影響によって、刑事裁判にとって良いというよりは、裁判員に負担をかけてはいけないからそうしましょうというような本質とはかけ離れた法改正が、取調べの録音・録画に限らず、あらゆる場面で行われるようになったのではないかと思います。裁判所も検察も警察も、「裁判員に負担をかけてはいけない」という観点なら妥協できるというような風潮があったように思います。そのような風潮の中で、一般の裁判と裁判員裁判とでダブルスタンダードができてしまうのではないかということが、法制審議会の間ずっと気になっていました。

　裁判員裁判対象事件については、取調べの録音・録画が導入されることになりました。しかし、「裁判員に負担をかけないため」という理由であって、適正な取調べのためではなかった。たとえば、口頭主義・直

接主義、すなわち日本の刑事裁判の反省点である調書裁判からの脱却というテーマがあったにもかかわらず、何かいつも「裁判員」をダシに使って、「裁判員」にかかわることは法改正をするけど、他は従前のままでという「裁判って2種類あるのか」って思わせるくらいあからさまだった気がするんですね。

実際、「調書裁判からの脱却」と言うのであれば、取調べの録音・録画はも全事件について採用されるべきだったし、また録音・録画の記録媒体を実質証拠化したいということは実をいうと調書裁判を強化する方向でもあるわけで、本当はそこも議論しなければならなかったのに、何かこう「裁判員裁判のために」という感じで進んでいく、それが率直にいうと嫌な感じがしたんです。第1部で稗田さんにお話しいただいたように、ある思惑で「裁判員裁判のために」という括りを付けてやることで、「裁判員裁判」と「職業裁判官だけの裁判」というダブルスタンダードが生まれて良くないなあと最初は思いました。ところが会議の終盤で、裁判員裁判のためにやった法改正が、一般の裁判にもじわじわと良

い影響を及ぼしていけばいいなあという望みを次第に抱くようになりました。「やってみないとわからない」というような。

今は「裁判員裁判のため」の改正・改革が日本の刑事司法をおもしろくする、良い影響を及ぼすのではないかと期待しています。

牧野：周防さん、ありがとうございます。今の周防さんのご意見に関連しまして、被告人にとって適正な刑事裁判の点から申しますと、当初から弁護士会の中でも議論されていたのですが、裁判を早く終わらせるために集中的に審理してしまうと、そのために被告人の防御権が不十分になってしまうのではないかという問題がございます。京都弁護士会などは、「被告人の防御権を配慮する」という条文を裁判員法にも入れるべきだという提言をされていて、私もそれに賛成です。この観点からすると、証拠開示が一部されるようになったことを喜んでいるだけではいけません。徹底的に被告人の防御権が保護されるためには、集中して審理をやらされるのであれば、全面的な証拠開示こそないと片手落ちになるんじゃないかとも考えられるのです

が、この点についてまず指宿さんにコメントをいただけますか。

指宿：まず裁判員裁判が始まったことの評価を先に申し上げたいのですが、基本的に刑事司法制度にかかわる制度改革で重要なことは、権限や権力を持っている人たちが嫌がる制度をどれだけ盛り込めるかです。基調報告で元最高裁判事の濱田さんも裁判員制度導入のときに反発があったとおっしゃっていましたが、その反発が大切なんです。反発のある制度こそ、まさに改革に値するんです。誰もが歓迎的であれば、それは改善程度ですよね。取調べの録音・録画についていえば、「ええー、そんなの困りますよ」って検察、警察が言う、その点が改革なんです。

　本日のテーマではありませんが、検察審査会の起訴強制があります。2回勧告が出れば、起訴を強制するというものです。日本では検察官が独占的な権利を持っていた起訴するかどうかの判断について、市民が検察官に対して「起訴しろ！」と義務付けられるという制度です。検察官にとっては目の上のたんこぶというか、自分たちの思うようにならない要因、すなわち反発であり、起訴強

制も改革のひとつです。

　このように考えると、司法制度のキープレーヤーである検察、警察、裁判所に対して、従前から考えたらあまり歓迎したくないことが次々に実現されているという状況、それこそが本当の改革だと思います。世界の刑事司法改革の内容は、基本的にはそういうものです。

　それでは、改善のためには何が必要か。例えば、裁判手続を迅速にするにはどうすれば良いか。公平性を実現するにはどうすれば良いか。世界的に見ると証拠開示制度というのは二つの面があって、ひとつは被告人に公判が始まる前からどういう情報や資料があるかということを明らかにしたうえで闘いなさいという面があり、これは大きい。例えば、みなさんはトランプゲームをするときに自分に有利なカードは絶対に相手には見せませんよね。見せたら自分は負けるわけだから。これが当事者のマインドなんです。世界中の検察官はみんなこのマインドを持っています。できるだけ相手にとって都合の良い情報や資料を教えたくない。だから隠しておく。でも、刑事裁判はトランプゲームではないのだとい

うことが、証拠開示制度の真髄です。見せたくないカードをオープンにさせる方法こそが証拠開示制度なんです。それを使うか使わないかは、当事者が、開示された側が決めれば良いわけです。あるいはニュートラルな証拠もあります。検察側にとっては「これは不利だな」と思って見せたくない証拠であったとしても、それは弁護側からしたら別に使いたくない証拠ということもあるかもしれない。お互いに評価は違うわけですから。だけど、見せたくないから見せないで済むというのはやめましょうというのが、世界的な潮流になっています。もうひとつは、トランプゲームでもそうですけど、相手がどんな良いカードを持っているかという腹の探り合いみたいなことってありますよね。裁判の場合だと、これに時間がかかるわけです。世界中の刑事裁判で今、どこの国も工夫を凝らしているのが、できるだけ早い裁判、あるいは公判を早く始めるということです。トランプゲームと同じで、腹の探り合いをすると時間がかかる。だから、できるだけ早くカードを全部オープンにするというのが、裁判の迅速化とか、手続の迅速化と

かいうことに資する。

　この二つの目的のために、どの国でも証拠開示制度が改革されてきました。これには倫理的な側面もあるし、権利的な側面もある。被告人の罪責を軽くするような証拠は必ずオープンにしなければいけないという憲法上の義務を課すとか、あるいは、隠していたら制裁を与えるとか、今はそうしたコンプライアンスの時代に入っています。オープンにするのが当然だと。では、日本はどうかというと、裁判員裁判を始めるときに、迅速にやらなければいけないし、被告人の防御権を考えないといけないということで、初めて証拠開示手続が定められました。もし裁判員裁判がなかったら、今も証拠開示制度がないんだと思うと、日本の刑事裁判は暗黒のまま続いてきたんだなって思います。本当に「裁判員裁判、ありがとう」と思います。でも、よくよく考えてみると、周防さんのおっしゃっていた最初の疑問、すなわち周防さんが感じられた法制審での違和感と同じように「それっておかしいんじゃないか」ってことですよ。市民が裁判にかかわるかどうかということと関係なく、被告人に対して

検察側の手持ち証拠、あるいは警察の持っている証拠がオープンにされなければいけないんじゃないかということが出発点にならなければいけない。

ただ、現実にはそうやって最初の司法制度改革、平成の司法制度改革で導入されました。では、それが最善のものだったかというと「そうじゃないよね」ということで、周防さんが入られた二度目の平成の司法制度改革でもう少し前進させようといけないとなって、手持ち証拠のリストの開示、専門用語では「標目の交付」ができました。法律で義務付ける、命令することができるし、請求することができるようになりました。もともと最初に裁判員裁判を導入したときに標目の交付も導入しようという話も出ていたんですけど、その話は流れてしまったんです。制度設計の段階で負けてしまった。選択的に見せるので良いじゃないですかということで妥協して裁判員裁判を始めた。20年遅れてようやく「証拠のリストを見せましょう」ということになりました。これは、さきほども申し上げたように、権力を持っている人がやりたくないことをいかにさ

せるかということの難しさです。最初に裁判員裁判を始めたときに証拠開示手続を定めて、それはそれで良かったのですが、でもリストの相手方への交付は見送られたんです。検察側が頑として応じなかったからです。ようやく、検察の不祥事をきっかけに二度目の改革が行われて、「やりたくないって言っていたけど、あなたたち証拠を改ざんしたでしょ。そんな検察で良いの？」というふうに外堀が埋められたので、証拠のリストを開示しなければならないということになりました。

最初の話に戻りますが、被疑者・被告人の権利擁護という観点からは、どれだけ権力や権限を持っている人たちが嫌がることができるかということが鍵になります。世界的に見ても、これが司法制度改革が成功するかどうかの重要なポイントになっています。

牧野：ありがとうございます。

続いて、周防さんにお聞きします。『それでもボクはやってない』という衝撃的な映画の上映時に、周防さんが弁護士会でおっしゃったのは、この映画に着手するまで当然弁護人は証拠を全部見て裁判に臨んでいる

ものだと思っていたということでした。検察官が証拠を全部握っているなんて平等じゃない。信じられない。そういう愕然（がくぜん）とした気持ちからこの映画の撮影が始まったとおっしゃっておられました。周防さんは、その後、法制審議会「新時代の刑事司法制度特別部会」の委員としてのご経験を『それでもボクは会議で闘う』（岩波書店）という本にもまとめられました。そのご著書の中でも、全面証拠開示を導入すべきだと主張する周防さんとそれに反対する陣営との激論があって面白かったのですが、そのあたりのことを踏まえながら、全面証拠開示になぜ至らないのか、法制審議会の委員としてのご経験も踏まえてコメントをいただけますでしょうか。

周防：まず、私が参加していた会議の中で、全面証拠開示に反対する立場の先生がおっしゃっておられたご意見というのは、カードゲームと同じことだったんだなということが、今、指宿さんのお話をうかがっていて腑（ふ）に落ちました。もっとも、私は法律家ではないので、きちんと理解できていないのかもしれないのですけど。

先に全部の証拠を見せてしまったら、その全てに反論を用意されてしまうから認められないというようなことを、全面証拠開示に反対している先生はおっしゃっておられたんですね。でも、全部の証拠にきちんと反論できるのであれば、それこそ無罪ではないでしょうか。要するに、証拠を隠しておけば不意打ちで弁護側を叩（たた）くことができるのに、全部見せてしまったらきちんと準備されてしまうからダメだというようなことを全面証拠開示に反対する立場の先生はおっしゃっておられました。それで、さきほどのカードゲームの話に妙（みょう）に納得してしまいました。

それとは別の話ですが、弁護士にとってそれまでがあまりにも暗黒だったので、公判前整理手続の導入によって証拠が以前に比べると見られるようになったということで弁護士のみなさんが満足しているのではないかと感じていました。私が全面証拠開示を掲げてプロの法律家に食ってかかることへのフォローは、弁護士の先生たちからもう少しあっても良かったのではないでしょうか。逆に言いますと、弁護士の先生方はよっぽどひどい時代を過ごしてこられ

たんだなあということを非常に強く感じました。それはともかく、全面証拠開示に至らない理由は、そんなことをしたら警察も検察も有罪立証が大変になると思っているからでしょう。

　余談ですが、ちょっと意地悪な言い方をしますと、全面証拠開示が実現したら一番困るのは弁護士の先生方じゃないかと思うんです。仕事量が圧倒的に増えますので、そんなことをやっていられるかと思うのではないかと。そう考えると、検察は恐れずに全面証拠開示をした方が良いのではないかと助言をしたいくらいです。

　それともうひとつ、公判前整理手続についてです。これは素人の考えなのかもしれないのですが、整理されすぎてしまって、本当は重要な証拠が裁判員の目にも届かないままになってしまっているということはないのだろうかという不安がずっとあります。なおかつ、整理した裁判官が裁判員と一緒に次の段階、つまり公判を進めるわけですから、そこで証拠というか、事件全体の構造というものについて、圧倒的に裁判員とはその情報量に差がある中で議論が

進んでいるんだなって思うと、「裁判員のために」とやっていることが被告人のためにはなっていないことがあるんじゃないかという不安がやはりあります。

　あとこれは証拠開示とは違う点ですけど、裁判員の負担を軽減するということで、評議の時間が限られてしまうというケースで、「本当はもう少し議論を尽くしたかったのに、それができなかった」とおっしゃる裁判員経験者の方が実際にいらっしゃいます。警察も検察も「裁判員のため」という言葉を、裁判員ではなく「自分たちのため」の便利な言葉として使っているのではないかと感じる場面が多々あります。それも不安に思っているところです。

牧野：ありがとうございました。たしかに、裁判員経験者の方々の話の中でも「もっと証拠はあったはずなので、もっと見たかった」という感想は数多く聞きます。

　それに関連して、残酷な証拠、すなわち刺激的証拠の取り扱いについて、現在、刺激的証拠を加工してしまおうという兆候があります。写真ではなくてイラストにする、イラストも非常に詳細なものはやめましょ

うということが実際に起きています。「裁判員のために」ということでそのようなことが起きているわけですが、「誰のための裁判か」ということを考えたときに、「被告人に適切な判決をするために」ということになりますと、実際の加工していない証拠を採用すべきではないかという意見が当然あるわけです。裁判員に適切な判決をするために加工された刺激的証拠を用いるべきというという意見と、被告人のために生(なま)の刺激的証拠を用いるべきという意見の対立構造。この点についても、周防さんに見解をお聞きしてよろしいでしょうか。

周防：弁護士の先生方から、「こういう実験をしてみたいんだけど、どうしたら良いだろう」という映像関連のご質問を受けることがあります。それで、ある事件で、ある弁護士さんの事務所にお邪魔したら、いきなりご遺体の写真を見せられて絶句したことがあります。司法の専門家の方々が接している証拠の質っていうんですか、素人がいきなりそういう刺激的証拠をみるときのショックというのは、やっぱりあると思うんですね。でも、裁判なんだから、そう

いう刺激的証拠に接してショックを受ける裁判員もいるけど、刺激的証拠を目にしないように配慮することで「十分な証拠を見て吟味できなかった」という不満を持つ裁判員もいると思うんです。何が大事なのかというと、公平で公正な裁判を行うことが大事なわけで、刺激的証拠を緩和して、オリジナルでないもので裁判員に判断してもらうというのは、明らかに変なことだと思うわけです。（精神的なショックを受けそうだから）初めからそういう証拠を見たくないというのだったら、そういう裁判員のことは考慮すべきですし、もしショックを受けるようなことがあったら、そのケアというのはもちろん必要です。しかし、裁判なので、オリジナルの証拠に手を加えるってことは良くない。その点についてはもっと議論すべきです。単純に「裁判員の負担を和(やわ)らげるために」なんて理由で、全部があいまいなものになっていくというのは良くない。

牧野：ありがとうございました。

骨粗しょう症の老婆を蹴り殺したという事件の裁判について、地裁の裁判員経験者の意見交換会を傍聴したことがあります。その事件の裁判

員裁判を担当した裁判員の方がこうおっしゃっていました。「蹴り殺された痩せ細った老婆の写真はありませんでした。じゃあイラストが出るのかと思ったら、イラストも詳細に描かれていたために却下。結局、検察官の『ミイラのように痩せ細った』という表現と鑑定医の証言だけで判断しました。私はこんなのでは残忍な行為なのかどうかわからないと不満に思いまして、いけないと思いながらも家に帰ってからインターネットで調べてしまいました。『骨粗しょう症　老婆』と検索したら画像がいっぱい出てきました。でも、法廷で出てきた証拠のみに基づいて判断しなければと思い、翌日、法廷ではそのとき見た画像を頭からふり払うように努力しました。そのとき、なんでこんな思いをしなければならないんだと思いました。最初から見せてくれればいいのに、余計なお世話だと。自分たちの心理的負担は、自分たちで処理できます」と。とても興味深いご意見だったと思います。

　では、次の話題に移ります。手続二分論という問題があります。現在では、最初から無罪を主張している事件でも情状立証しなければいけないし、逆に悪い情状立証も出てきて、そのことの問題が指摘されています。その点について、青木さん、コメントをいただけますでしょうか。

青木：手続二分論といわれるテーマについて執筆したことがあって、その関係でご指名いただいたのだと思いますので、手続二分論について簡単にご説明いたします。今の日本の裁判ですと、被告人が実際にその犯罪事実を行ったかどうかということと、刑を決めるうえで俗に情状といわれている事実とを区別せずに事件として扱って、審理していくというやり方です。他方、有罪、無罪は陪審員だけが決めるというアメリカのような制度になりますと、犯罪事実が現に証拠によって存在したと認められるのかどうなのかということと、認められるならその次の段階としてその人に対してどのような刑罰の量・質をもって臨むのが良いのかという二段構えのような手続の構築の仕方になっていまして、そのことを手続二分論といいます。私が手続二分論者であるのは、さきほども少しふれましたけれども、やはりアメリカの刑事裁判をある時期に集中的に見てその影響を受けているというこ

とがあります。

　日本には被害者ないし遺族の意見陳述という制度がありますが、それは被害者の方たちに配慮するために、裁判をするにあたってその処分を決める裁判官や裁判員に直接自分の思いや心情を伝えたいということで、いわば意見を述べる場が認められたという制度です。それ自体は誰も真正面から反対する性質のものではありません。私が弁護人として裁判員裁判の法廷に立ったときに、簡単にいうと裁判の途中まではかなり良い線いっていると自分たちでも思っていまして、検察官もかなり慌てていて、「これひょっとしたら無罪が出るかもしれない」という手応えがあった事件がありました。証拠調べの最後にですね、被害者の意見陳述という制度が行われることになりまして、そこで亡くなった方のお母さんの手紙が朗読されたんですね。直接遺族の方が来ることもできるのですが、書面で意見が出された場合にはそれは裁判長が朗読するという法律の条文になっていまして、それに基づいて裁判長がその手紙を朗読したんですけど、またその朗読が上手かったんですよ、どういうわけか。す

ごく情感に訴えかけるような上手なナレーションで、法廷の空気が一変しました。私はマズイと思って一瞬固まったんですけど、ふっと目線を上げたら、裁判員の方がハンカチで目頭を拭いてるんですよ。こちらは犯人性を争っている事件ですよ。無罪を真正面から、その行為を犯したのはこの被告人ではないと争っているわけです。判決は、案の定、非常に厳しい判決でした。だから負けたというつもりはないのですが、今後の参考ということで。たまたまそのときの審理によく知っている司法記者が傍聴席に来ていたのがわかっていましたので、ずっと後になってから、その司法記者にあれどうだったと聞いたんです。そうしたら、「影響あったと思いますよ。制度として理解しているつもりの私もググっと来ましたから」と言われて、そんなので負かされたら困るなあと思いました。それ以来、非常に強固な信念を持って、手続二分論を主張しています。手続二分論に基づくと、その被告人が犯人であるかどうかという証拠の審理と、仮に犯人であるとしたうえで、遺族の方はこういう思いを持っているという審理とは、かた

ちのうえで分けて運用することができるので、裁判員裁判の時代にはそのような運用の方がより望ましいのではないかというのが私の個人的な思いです。

牧野：ありがとうございました。今、青木さんからご説明があったように、事実認定の純粋化という要素からも絶対に必要だというのと同時に、弁護人からしますと、無罪を争っている場合には情状立証できないというジレンマがあります。仮に有罪だとしたらこういう情状がありますとは言えないですから。手続二分論はそういった意味でも必要だなと思います。

　次に、死刑事件について。これはあまり広げすぎると収拾がつかないので、限定して議論したいと思います。ひとつは、裁判員裁判の対象事件にすべきかどうか。もうひとつは、評決要件は単純多数決で良いのかどうか。この二つを議論したいと思います。

　まず、裁判員裁判の対象事件にすべきかどうか。指宿さん、いかがでしょうか。

指宿：2019年4月末日現在で、裁判員裁判で死刑求刑された事件は53件、

37件の死刑判決が下されています。だいたい死刑の言い渡し率が75%くらい。全ての死刑求刑数を調べたわけではないのですが、私の計算では裁判員制度が始まる10年くらい前だと死刑求刑の2件に1件、50%くらいが死刑言い渡しだったと思います。裁判員裁判になったことで、死刑求刑に対する言い渡し率がかなり上がっていると私は捉えています。なぜそうなったかというと、これにも仮説があります。一番ショッキングな仮説として、裁判員裁判は死刑が好きであるという仮説がひとつ成り立ちます。二つ目の仮説は、裁判員制度という制度自体が死刑を出しやすくしているという仮説です。ひとつ目の仮説はなかなか立証しにくいのですが、二つ目の仮説は検察にとって死刑判決を獲得しやすい仕組みだということで、これは検証しやすいと思いますし、いくつかの弁護士会や弁護士たちが指摘している点を挙げることができます。まずは集中審理という現在のやり方、さきほど青木先生からご指摘があったような手続二分をとっていないという日本の裁判員裁判の仕組みだと、死刑求刑事件はあらかじめ弁護人としては予

想、想定できますけれども、公判の途中で新たな弁護方針を加えたり、途中修正が非常に難しい。ところが、従前の刑事裁判は、歯医者さんの治療みたいに、週に1回とか、間が空くので、そのたびにいろいろな方針を変更するとか、証拠を集めるとか、証人を探すとか、専門家に依頼するとかいうことができたわけです。しかも、死刑求刑事件では公判回数が非常に多いわけです。そのように考えますと、従前に比べて、死刑事件の刑事弁護は時間的に難しくなっているのではないかということが言えると思います。逆に言いますと、死刑求刑というのは、予想はされるけれども、検察官が本当にするかどうかはわからないわけです。求刑意見を出すまで、検察官が本当に死刑求刑するかどうかはわからない。これを予想しなければいけないので、非常に厳しいだろうということになります。こういった点から、二つ目の仮説はかなり正しいといえるのではないでしょうか。

さらに、裁判員裁判とセットになったわけではないのですが、被害者参加制度が裁判員制度が施行される6か月前、2008年12月に施行されているんです。これは全く法制審の議論とは別に導入されたわけなんですが、同時に始まってしまったので、被害者参加プラス裁判員裁判ということで、死刑事件の場合は当然被害者遺族が参加するということになります。被害者参加制度が同時に加わったということで、裁判員裁判は死刑判決の出やすい環境をつくっていることが考えられると思うんです。だからといって、裁判員の負担の中から死刑相当事件を外すかということになると、これはもう裁判員制度を根幹からひっくり返さなきゃいけない。もっと軽い事件でやらなきゃいけないということになるので、裁判員裁判というものをつくり直さなければいけないということになると思います。私自身はそれには反対で、むしろ死刑制度をなくすことこそが、最もこの国の刑事司法関係者にとって好ましい解決策だと思っているということを付け加えておきます。

牧野：ありがとうございました。

裁判員が死刑相当事件を担当することは心理的な負担が重すぎるので、裁判員裁判から死刑対象事件を外した方が良いのではないかという視点もあると思います。それに対して、

死刑対象事件にこそ主権者の意見を反映させるべきではないか、死刑を存続させるべきか、廃止すべきか、量刑についても、裁判員の視点が入ってこそ適正な判断ができるのではないかという視点もあろうかと思います。そういった観点からの死刑対象事件に関する議論を考えていたので、今の指宿さんの現象面からみたご指摘には目を見張るものがございました。

　次の議論にうつります。死刑判決について、現在では単純多数決が評決要件となっています。これはいかがなものかという議論が当然あってしかるべきです。死刑は国家による殺人行為ですから。これについては、全員一致とか、絶対多数とかいう意見が法曹の間では多いと思いますが、この点について周防さんはどう思われますか。

周防：今の点につきましは、全員一致と言いたいところではあります。しかし、裁判員への配慮になりますが、全員一致ということは全員賛成したんだなということで評議の秘密どころの話ではなくなりますよね。裁判員全員の意思を公表することになるんだなと思うと、すごくこれ考

えさせられる問題です。裁判員の方の意見で、死刑判決にかかわった方がおっしゃったのは、とにかく控訴してほしいと思ったし、できれば最終的には最高裁で決めてほしいと。そうじゃないと心が落ち着かないというか、とても不安だというお話をうかがって、死刑判決の重さというものを感じました。

　ということで、僕も指宿さんと一緒で、刑事裁判にかかわるみなさんの負担を軽くするなら「死刑制度がない」ってすごく良いなって思います。そういう意味で単純に全員一致とか言えない現実というのもあって、僕自身も非常に判断に困っています。どうすれば良いんだろうっていう……。「死刑制度がある」っていうのが前提だと、非常に悩ましいなっていうのが正直なところです。

牧野：ありがとうございました。

　『あなたも明日は裁判員!?』の「結びにかえて」の中で、日経新聞の記事を取り上げて、ある死刑事件についてのコメントを私が書きました。審理が終結して判決が言い渡される前に、裁判員と補充裁判員が辞任したという事件についてです。裁判員と補充裁判員からの辞任の届け

出を裁判所は許可しましたが、辞任の理由は明らかにしていないと記事にはありました。これについていろいろなことが想定できるのですが、ひとつ考えられるのは、その裁判体で死刑判決を出すことがもう予想できたので、辞任したのではないかということです。単純多数決で審理をやっていれば、「ああ、これは死刑になるな」とわかるわけじゃないですか。そうしますと、死刑判決を出した裁判体のひとりとして一生そのことを背負っていくことが嫌だった反対意見の裁判員が辞任を申し出て、それを裁判所が許可したのではないかというストーリーがひとつ考えられます。こういうケースを防ぐためには、単純多数決をやめて、例えば全員一致にするか、あるいは守秘義務を緩和して反対意見もあったことを言えるようにすれば良いのだと思います。今はどちらもダメなんですね。単純多数決で、反対意見もあったことを言えない。だから、死刑判決に反対だった裁判員が「死刑判決を出した裁判体のひとり」だということを墓場まで持っていくのが嫌で、判決の前に裁判員を辞任してしまったのではないかというのが私の推察

です。いかがでしょうか。なお、ひとりで反対しても死刑を阻止できるわけですから、死刑判決についての判断は全員一致でも良いのではないかと私は思っています。

大城：一点だけよろしいでしょうか。死刑制度については、私も個人的には廃止または停止すべきだと思っています。裁判員制度が始まる10年前には、市民が裁判員としてかかわることになるので、死刑制度の存否について議論が高まるのではないかと法曹関係者の中では言われておりまして、私も期待しておりました。しかし、10年経ってみると、実際そういった議論というのはあまり高まっているとはいえません。そのことは、裁判員制度10年に際して、ひとつ注目すべき点かなと思います。世論調査では、8割くらいの国民が死刑制度の存続に賛成をしておりまして、裁判員制度が始まる前と後であまり変わらないんですね。一方で、単純多数決が良いのかという問題と合わせて、周防さんがおっしゃっておられましたが、裁判員裁判で死刑判決にかかわることの市民の負担の重さというのは間違いなくありますし、そういう意味では一審で死刑判決が

下された事件に関しては、控訴審、最高裁まで必ず経なければいけないとしても良いのではないかと思います。裁判員裁判でいくつかあったのは、一審の死刑判決のあとすぐ弁護人が控訴をするのですが、被告人がその控訴を取り下げて死刑判決が確定するというケースです。そうすると、裁判員裁判だけの判断で本当に良かったのか、三審制だけど控訴審や最高裁の判断を経ないで本当に良かったのかという問題があるので、控訴審も含めた議論が必要なのかなと思っています。

牧野：大城さん、ありがとうございます。死刑に関する議論はここまでとして、取調べのビデオ録画の問題にうつりたいと思います。取調べのビデオ録画については、取調べの適正化のため、適正かどうかを確認するために導入されたはずが、実質証拠として利用されるというケースがあります。注目された今市事件の控訴審判決では、取調べのビデオ録画の実質証拠性については否定したものの、破棄自判で被告人を有罪判決としました。一説には、裁判官が取調べビデオのいわゆるインプレッション効果に左右されたのではないか

ということも言われています。この点について、指宿さんはいかがお考えでしょうか。

指宿：インプレッション、つまり観た者に与える影響というのは、観た人は無自覚なんですよね。これを明らかにしたのが、心理学の実験なんですが、実はこうした経験則、こういうことがあるよということは、刑事司法の世界で初めてではないんです。何かというと、有罪か無罪かの判断をするときに、被告人に前科があるとか、以前にこういう事件を犯してこういう判決を受けているとかいう情報をもとに判断してはいけないというルールが確立しています。これは、英米法由来の悪性格証拠禁止原則といわれています。つまり、陪審裁判で、この被告人は以前にもこういう罪を犯しているからという立証をしてはいけないということになっています。これを条文に書き込んでいるのがアメリカ法ですが、日本ではこれは条文にはありません。しかし、判例で、裁判所の判断によって、こういうことは原則としてやってはいけない、こういう証拠を法廷に出してはいけないということになっています。これは、やはり被告

人にこういう傾向がある、前にこういうことをしたんだからという心理を無意識のうちに人間は持ってしまうから禁じているのではないかというのが心理学者の見立てです。一方、法律の世界では全然違う理由でこれを禁じています。推論が二段階になるからという理由で。被告人は前に悪いことをやった。だから、今回も悪いことをやった。というふうに推論が二段階になるからいけないんだということが法律の教科書に書いてある説明です。これを心理学者に言わせると、明らかに無自覚のうちに被告人に対する偏見や予断が（アメリカ法でいうところの陪審員を務める）市民の心の中に生まれるからいけないんだという説明になります。つまり、人類は、人間の心の中にいかに予断や偏見を与える情報を遮断しなければいけないかということを考えながら刑事裁判の営みを続けているんです。映像というのは、新しい証拠です。新しい情報なんです。だから今、新しいルールを人類はまたつくらなければいけない。そういう段階に来ているのではないかということです。

牧野：ありがとうございます。

次に、裁判員制度の課題を検討して、改善策を作成する機関、構成員がこれでいいのかという根本的な問題について議論したいと思います。最初に問題提起させていただきます。制度を改善する、改革する場合には、現場を見ている人に発言権を与えるべきなのではないかと考えています。したがいまして、裁判員制度10年を機に制度を見直す場合には、制度設計にかかわった役所任せではなくて、現場の声をまず反映させるべきなのではないでしょうか。制度をつくった人たちが、この制度は良い制度だと言うことは、ある意味で当然のことだと思いますので、制度を見直す機関が法務省に置かれているということがおかしいのではないかと疑問に思っています。法務省は検察のトップですから。法曹三者が平等な機関でやらなければいけないはずです。もっといえば、構成員として裁判員経験者も入れて四者で議論すべきだと思います。司法制度改革審議会のときのように、内閣のもとに、または国会のもとに制度改革委員会をつくって、裁判員裁判にたずさわる現場の裁判官や弁護士の問題意識を聴くべきです。現場の問題意識を全く

聴かない、または書面でしか受け付けない役所の構成員で制度の見直しを行うことはやはりおかしい。今回、裁判員制度10年に際しては法務省任せでない改革をしたいと思っておりますが、この点について周防さん、いかがでしょうか。

周防：そのとおりで、反論は全くありません。しかし、私の経験を話しますと、法制審で何に驚いたかって、検察不祥事がきっかけとなって、二度とこういうことが起こらないようにどうしましょうかという会議だと思って参加したのに、そういう間違いを犯した検察の人たちが「二度とこういうことが起こらないようにするにはどうしたら良いでしょうか」ではなくて、「今までのやり方をいかに変えないで済むか」を落としどころにしていたということです。会議の最初からそれは見え見えで、それはもう驚きました。こういう会議をするということは、より良い方向に進むためにはどうしたら良いかを、いろいろな人から意見を聴いて考えましょうということなのかと思って、僕の意見も反映されると、議論ってそういうもんだろうと思って参加したら、その会議を開いている「検察

＝法務省」が主導権をにぎっていて、自分たちはこういう不祥事を起こしたけど、なるべくなら変わりたくないということで会議の委員も自分たちの都合で選んでいるというふうな感じでした。なおかつ弁護士のみなさんがこんなにも孤立無援の中で、つまり私のような一般人もいない中で闘ってきたという事実に驚きました。これでは法務省が主催する会議では何をやってもダメだなと思いました。だから、何か新しい法律をつくるんだったら、議員に直接はたらきかけるしかないのかもしれません。

牧野：ありがとうございました。

■ 誤判防止の役割

牧野：それでは、次の議論に移りたいと思います。誤判防止の役割も裁判員裁判に期待できるかという点です。裁判員に冤罪を起こさせないような情報提供をしていこうというのが主眼だったのですが、むしろ裁判員を入れることによって誤判防止をできるのではないかという新たな視点を持った方がいいのではないかと。この点について、指宿さんにコメントをお願いできますでしょうか。

指宿：まず、裁判員裁判の開始後に、周防さんが入られた二度目の司法制度改革で、取調べの録音・録画というのが導入されたわけですが、これではいくつか不十分な点があります。まず、裁判員裁判の対象なんですけど、身体拘束されていないと録音・録画されない。ということは、いわゆる任意取調べという段階では録音・録画されません。自分でICレコーダーを持参して、自分で録音しなければいけないということです。こういう不十分さがあります。取調べを全て録音・録画する。これは被疑者だろうと、参考人だろうと、目撃者だろうと全ての供述を録音・録画するというふうにしないといけない。二点目は、被疑者が希望する場合には必ず弁護人あるいは代理人を立ち会わせるようにするということです。先進国で弁護人が取調べに立ち会えないのは日本だけです。もちろん、実際に各国の取調室をのぞいて「あっ、弁護人いないじゃないか」ということは多々あるんですけれども、それは入れさせないからいないんじゃなくて、弁護人へのアクセスができていないから、つまり弁護人を依頼する機会を与えられてい

ないだけなんですね。権利としてはどの国でも認められている。そのために大事なのは被疑者段階での国選弁護制度の充実ですが、日本はこの点については裁判員裁判の導入と継続のおかげでどんどん拡大されました。これは先進国の中でも非常に進んだ点です。ところが、取調べの立ち会いを希望しても立ち会えないというのがアンバランスなんですね。この点を見直す必要があるかなと思います。

牧野：ありがとうございます。指宿さんからは、誤判防止に向けて、再審手続の問題とかそのあたりのお話もいただけますでしょうか。

指宿：すでに報道等でご承知だとは思うのですが、2019年4月に冤罪被害者の方々が立法を訴える、自分たちが受けた被害が二度とないようにということで、そういう願いを込めて団体を結成されたんですね。これは世界的にみても非常に珍しいケースだと思います。東住吉事件の青木さんや布川事件の桜井さんらが代表を務められています。こうした方々の気持ちを汲んで、彼らの裁判はどうして誤ったのかということを国家として検証する機会が必要で、これ

が裁判員裁判にフィードバックされなければならないと思います。日本では再審無罪が今どんどん出ていますけど、ではどうしてこういう再審まで引きずらなきゃいけなかったのかということを検証する機会がありません。7年ほど前に日弁連と一緒に冤罪究明機関を国会に設けるようにという本を出したことがあるんですが、これは最高裁判所の強力な反対にあっています。司法権の独立を侵害するという理屈です。しかし、決して司法権を侵害するということではないのです。裁判所という司法機関の中で誤った判決が生まれてしまったわけだけれども、これは裁判所だけの問題ではなくて、弁護人にも責任があるだろうし、メディアの偏った報道にも責任があるだろうし、検察や警察の責任もある。さまざまな要因を検証していく必要があるだろうと思います。

牧野：ありがとうございます。

再審制度の現状について、周防さん、ひとことコメントがありますか。

周防：法制審議会では次に先送りにされてしまったのですが、再審事件については全ての証拠を開示すべきであるという議論がありました。次

の課題として検討されるかどうかはなはだ心許ないです。

そこで「再審法改正をめざす市民の会」を立ち上げることになりました。私も共同代表のひとりです。法制審では叶いませんでしたが、法務省の会議ではなく、多くのさまざまな立場の人の協力のもとに再審に関する基本的なルールをつくりたいというのが出発点です。各裁判体によって手探りでやっている再審事件の現状を、ある弁護士の先生が「再審格差」とおっしゃいました。「再審格差」を無くすために、再審法もつくろうと、社会に訴えていこうと思っています。

牧野：ありがとうございます。

裁判員制度を支える社会の仕組み

牧野：次に、裁判員制度を支える社会の仕組みについて議論していきたいと思います。最初に大城さん、お願いします。

大城：裁判員法は、実は2015年に改正されています。すごいマイナーチェンジだったので、裁判員制度の運用にはあまり変わりはない程度でした。しかし、その段階でも、守秘義

務や辞退率の問題は議論になっていました。私も衆議院の法務委員会に出席して、いろいろな方々と議論しました。そのとき、唯一国会で修正されたのは、もう一回3年後に見直しましょうということでした。ということは、もともとの政府案では、見直しの検討は裁判員法をつくったときに決まっていた2015年の見直し一回だけだったということです。でも、2015年の法改正のときにいろいろな議論が出たので、さすがにこれは与野党全員一致の修正決議でもう一回見直しましょうとなりました。この再度の見直しがちょうど裁判員制度施行10年のタイミングでした。政府の姿勢はおそらく一貫して、もうこれ以上大きな手直しはしなくて良いだろうというものなんだと思います。ですから、このタイミングで裁判員法を改正の土俵に上げていくためには、法務省の人たちが「まさに現場でこういうことが問題になっているんだ」ということきちんと認識することが重要です。「裁判員経験者の経験を社会で共有する」そういう視点がまさに必要なのです。それを法務省の検討会の人たちに認識してもらうことが大事なのです。そ

れとともに、やはり国会議員にきちんとはたらきかけないとダメだろうということです。これは裁判員制度だけの問題ではなくて、おそらく日本の政治行政の問題で、内閣が主導してほとんどの法律ができているわけです。裁判員法だと、法務省の管轄なので、法務省が基本的には改正案を出しますと言って、国会から議員提案されることというのは、ほぼ可能性がないといえると思います。ただし、衆議院の付帯決議というのは、その2015年の改正のときに付いたもので、もう一回見直しを検討するタイミングでは、国民の視点を入れてきちんと議論、検討をしましょうと、とくに犯罪被害者の方、裁判員を経験した方の視点を入れて議論をすると。具体的なテーマとしては、守秘義務の見直しについても検討するというのが付帯決議に入っているので、これはすごく大きい意味があります。法務省に対して、次の見直しをするときにはこういう視点でやってくださいという意思表示です。拘束力はないですけれども、法務省は基本的にはそれを尊重してやらなければなりません。この付帯決議については当時の法務大臣がちゃんと

尊重してやりますと国会で答弁しているので、これはそのとおり法務省に検討してもらわないといけない。法務省にスルーされないようにわれわれもきちんと言っていくし、メディアにもフォローしてもらいたいと思います。もうひとつは、衆議院と参議院、それぞれの法務委員会でこういった付帯決議が出ているので、やっぱり国会の責任としても、自分たちで付帯決議を出して、次は裁判員経験者の声も入れて見直そうということになっているので、やはりそれを実現する方向に持っていってほしいと思います。

牧野：ありがとうございます。

　次に飯さん、裁判員制度を支える社会の仕組みというテーマで、裁判員制度の価値あるこれまでの歩みをさらに支えていくためには社会としてはどのような仕組みが必要なのかということについて、法社会学の見地および裁判員裁判を多数研究された立場からコメントいただけないでしょうか。

飯：裁判員制度10年ということですけれども、裁判員を経験した人は日本全体の人口から見ますとまだまだ少ないです。2015年の国勢調査によりますと、20歳以上79歳以下の人口で9000万人くらいですので、まだ1000人にひとりくらいしか裁判員になっていないということになります。候補者になった方は若干多くて30人にひとりくらいです。みなさんのまわりでも裁判員になった方というのはまだまだ少ないんじゃないかと思うんですよね。しかし他方で、裁判員を務めた方の評価は非常に高いんですね。裁判員裁判に参加したこと、裁判員を務めたことが良い経験だったおっしゃる方がとても多い。裁判員制度についていろいろと評価が分かれたりしているところも多いものの、もう少し身近になれば良いなということを思います。「まだ裁判員制度ってあるの」という声が実際にあるようですし、裁判員制度10年のようなタイミングではメディアも特集を組みますが、そういうタイミングでないとあまり報道がされなくなってしまったのも事実です。ある記者の方は「次に取り上げるのは裁判員制度20年のときかな」とおっしゃっていました。半ば冗談だとは思いますが、そういう声を聴くと大丈夫かなとは思います。

　裁判員制度は多方面に影響を与え

ていると思います。ひとつ大きいのは、裁判所、裁判官が肯定的に支持してくれているということです。しかし、最高裁長官の意向などによってもし方針が変わってしまったらと思うと不安です。そういった意味でも、裁判員を実際に経験した人たちのお力を得ながら、多方面で、官民協働のようなかたちで、裁判員を経験した人たちの声を伝えたり、あるいは司法そのものについて理解を深めていけたら良いなと思います。司法への理解を深めるために刑務所などを見学することも考えられます。アメリカでは、陪審員を務めた人は選挙に行く確率が高くなるという実証研究があるので、「私たち主権者が社会をつくっていくんだ」ということを感じとるひとつのきっかけに裁判員制度もなりうると思います。刑事事件に限らず、民事事件や行政事件にも対象事件の範囲を広げていけるのかを考えることも重要です。裁判員制度によってもたらされた恩恵についてのお話が指宿さんや周防さんからありました。せっかく裁判所も応援してくれているのですから、「裁判員制度、ありがとう」という点を活かさない手はないんですよね。

もちろん、改善すべき点も多々あるとは思いますけれども。

裁判員経験者の交流団体はいくつかありますが、東京、大阪、福岡などの大都市が中心です。裁判官がふらっと訪れることもあるようですが、あまり裁判所や裁判官との交流は密ではありません。あるいは、交流団体と交流団体の交流もあまりありません。ささやかかもしれませんが、既存の民間の交流団体とか、あるいは裁判所とか、もっと今ある資源を活用して、裁判員制度20年のときにはますます裁判員制度が盛り上がっていて、メディアでも大きく取り上げられるようにしていきたいと思います。

牧野：ありがとうございます。裁判員経験者の96％が「やって良かった」と言っているわけですよね。裁判所はもっと胸を張って、裁判員制度に関する情報を発信してほしいと思いますね。裁判員経験者の声を伝えることに、裁判所はもっと前向きに協力してほしいものです。裁判員の体験が伝わらないから、辞退率も上がっていくのだと思います。一般の人は、そもそも何を着ていったら良いのか、昼食は支給されるのかと

いったことから不安に思っています。裁判員を経験することの利点も不安要素もきちんと伝えないと、辞退率は改善されないと思います。裁判所には、裁判員経験者の交流団体のこともきちんと伝えてほしいと思っています。インターネットで調べれば、裁判員経験者の交流団体が出てきますよという程度のことでも良いのです。裁判員制度についてのいろいろなことがもっと知られていけば、制度としても根づくと思います。

　他に大城さん、飯さん、何かございますか。

大城：裁判員制度が始まったときに裁判員ネットという団体を立ち上げたのですが、そのときからのキャッチコピーが「あなたが変える裁判員制度」です。裁判員になった方が刑事裁判に入っていって裁判官と一緒に判決を出すことで刑事裁判が変わるという面と、もうひとつは市民参加の制度なので市民が主権者としてこの制度を変えていかないと、いずれ裁判員はただのお客さんになってしまうんじゃないかという制度が始まったときの不安を、このキャッチコピーに込めています。裁判員経験者の経験を共有するためには、やは

り社会の中でそれを伝えていくエネルギーというか、仕組みが必要なのかなと思います。その壁になっているのが守秘義務だなという実感が強くあるんですね。裁判員を守っているという面だけでなく、萎縮（いしゅく）させて経験を話せなくさせているという点は否定できません。話せなくさせることによって、これから裁判員を経験するかもしれない人たちにモヤモヤとした不安を抱かせている。大したことではないと思われるかもしれませんが、さきほど牧野先生がおっしゃっていたように、何を着ていったら良いのか、お昼ご飯はどうするのか、そういうことから裁判員を経験するかもしれない市民に不安を抱かせている。裁判員制度の施行から10年がたって、今だからこそより深刻な問題だなと思っているので、裁判員経験者の方々が経験を伝えられる場所づくりということをしっかりやっていかなきゃいけないということを強く思っています。

飯：裁判員制度10年を機に、私のやってきた裁判員ラウンジという催しを『あなたも明日は裁判員!?』という本にまとめました。この本の帯広告のメッセージを周防さんからい

ただきました。「裁判員は被告人と
向き合い、見ず知らずの人たちと向
き合い、対話を重ねる。その先に見
えてくるのは、自分自身であり、私
たちの社会の姿だ」という非常に印
象的なメッセージです。せっかくの
機会ですので、このお言葉の真意を
周防さんからご説明いただけますで
しょうか。

周防：裁判員を経験された方のコメ
ントで、「裁判員として人を裁くと
いうことだったのに、終わってみる
と、自分について考える体験だった
し、社会について考える体験だっ
た」というのがすごく印象に残って
いました。考えてみるとですね、全
く知らない人たちとひとつのテーマ
でとことん議論することなんて、め
ったにないと思うんですよ。日本人
はあまり他人と議論するのが得意で
はないと言われたりしていますが、
裁判員に選ばれた人はある意味ラッ
キーだなと思います。帯広告の言葉
は、自分自身の言葉というよりも、
裁判員の方に教えられたことそのま
まという感じです。

牧野：裁判員経験者の方にうかがい
ますと、全く利害関係のない公平な
関係の中で、ひとつのテーマについ

てとことん議論し、ひとつの結論を
出したという経験は、とても鮮烈な
もののようです。周防さん、どうも
ありがとうございました。

■ 質疑応答

質問1（裁判員経験者）：公判前整
理手続の長期化が問題となっていま
す。私が担当したのも、事件から1
年半も経ってからの裁判でした。人
の記憶は自分の都合の良いように変
わってしまうこともあると思います。
そうした中で、被告人や証人の話を
聞くことを専門家の先生方はどう思
われますか。

青木：おっしゃるとおりで、その点
については実務の世界でも問題視さ
れています。裁判所も、検察庁も、
弁護士会も、公判前整理手続の長期
化に対する危機意識を持っていると
思います。一般論として、一年半経
ってから事件当日のことを証言して
いただいても、フレッシュな記憶に
基づく証言とは言い難いという問題
意識を持つのは当然です。公判前整
理手続をできるだけ手際よく、効率
的に行って、早期に審理に入らなけ
ればならないということを目標にす

べきだと思います。

**質問2（デヴィット・ジョンソンさ
ん）**：日本における刑事司法改革の
議論において、「警察」がほとんど
抜け落ちているのはなぜですか。警
察は非常に強大なパワーを持ってお
り、問題行為も多い。「警察」が抜
け落ちてきたことは、この10年の大
きな欠点なのではないでしょうか。

周防：たしかに警察改革が一番大変
です。法制審でも、最後は警察にど
う納得してもらうかというところで
意見調整が行われたんですね。「あ
あ、警察が一番強いんだ」というこ
とを、会議を通じて感じました。司
法取引についても何にしても、最初
は警察が乗り気じゃなかったのを、
警察に「うん」って言ってもらうた
めに法務省が頑張ったんです。警察
にどう納得してもらうかというのが
非常に重要なテーマなんだな、たぶ
ん警察権力が一番強いんだろうなと
いうことを法制審に参加して実感し
ました。

指宿：周防さんが参加された平成の
第二次司法改革では、「警察」が影
のターゲットだったんです。検察の
不祥事によって検察の在り方を改め
る検討会議が始まったわけですが、

その最終段階で元警察庁長官の方が
委員に入った。その方は、最初4か
月間はほとんど何もおっしゃらなか
ったのですが、終盤に入ってから俄
然発言されるようになりました。警
察にとって、形勢がまずいと思われ
たんでしょうね。すなわち、取調べ
の録音録画が検察だけに義務付けら
れるのではなくて、警察段階の取調
べから義務付けられるんじゃないか
という機運が高まってからすごく発
言されるようになったんです。この
ように、日本における刑事司法改革
の議論において、「警察」は決して
抜け落ちていませんでした。

　しかし、日本では警察庁が反対す
る改革というのは成功した試しがな
かったんです。おそらく、ご質問の
意図はその点にあるのではないでし
ょうか。そういった意味では、戦後
初めて、警察が公式に反対している
取調べの録音録画を義務付ける法案
を通したということは画期的なこと
だったといえます。たしかに、第一
次司法制度改革では、「警察」は抜
け落ちていました。裁判員制度、検
察審査会、被害者参加制度などの議
論において、ほとんど「警察」はア
ンタッチャブルでした。むしろ、被

害者支援の基本法を成立させること
によって、警察が被害者の支援に乗
り出す契機をつくり、警察庁の財政
的な基盤の強化につながっていきま
した。この間の歴史が証明している
ように、日本では警察庁が反対して
いる改革を成し遂げるのは極めて難
しく、取調べの録音録画が成功した
とはいえ、改革としてはまだまだ一
歩踏み出した程度というのが現実で
す。

質問者3（門野博さん）：さきほど、
こんな良い制度なのにどうして裁判
所が広報活動をそんなにしてくれな
いのだろうかという話がありました。
それで思い出したのですが、裁判員
制度が法制化されて、5年間の準備
期間があったわけですが、そのとき
私は札幌地方裁判所の所長をしてい
て、裁判所職員といろいろな役所や
企業などに出向き「裁判員制度に協
力してくれないか」という広報活動
をやりました。あわせて教育関係で
すね。学校教育の過程で裁判員制度
についてしっかり理解してもらわな
いとこの制度はダメになるだろうと。
そういった熱意が、10年経った今、
どのくらい続いているのでしょうか。
当時は、世間からいろいろな批判を

受けたこともあり、「開かれた裁判
所」でなければならないということ
でさまざまな公開講座をしたり、裁
判官の出前講座のようなことをした
りもしました。今日の配付資料に
「民事・行政事件への国民参加の検
討」（判例時報2397号 2019年）があ
りますが、裁判所の中に市民の目が
入るということは、裁判官の心構え
を正すという意味でも非常に大事な
ことです。日本における司法への市
民参加の意義と展望について考える
今回のような機会は、今後も定期的
に行われるのでしょうか。

牧野：裁判員制度10年の成果をふま
えて、国民の司法参加を民事・行政
事件にも広げていくことを目的とす
る委員会を日弁連の中に立ち上げま
した。司法への市民参加について、
オープンに議論する場を設けたとい
うことです。今後の活動にご期待く
ださい。

▌おわりに

牧野：それでは、最後にひとことず
つ、パネリストのみなさんから頂戴
したいと思います。

大城：裁判員を経験される方は年々

増えていきますので、今回のテーマ「市民参加の意義と展望」の「展望」が非常に大事です。裁判員の経験をどう積み重ねて活かしていくのか。裁判所、弁護士会、そして検察庁が、組織として裁判員経験者とともに裁判員裁判について研鑽を積み上げていく。そのためには、守秘義務の緩和が何より重要です。最後にもう一度、守秘義務の緩和について訴えて、最後のメッセージとさせていただきたいと思います。

飯：裁判員制度が提唱された2000年頃、私は大学院生で、日弁連で研究員をしていました。当初は「国民の目が裁判に入るのは良いことだ」と抽象的に思っていたのですが、2009年に実際の裁判員裁判を傍聴して、これは従来の裁判とは全く異なるものだと肌で感じました。特に印象的だったのは、性犯罪の事件で、被害者の方が別室から意見陳述をしているとき、法廷がとても緊張感にあふれていたことです。被害者の方の一言ひとことをみんな聞いているなという印象を持ちました。それはやはり裁判員がいるからなんですね。裁判員が一生懸命判断しようとするので、裁判官も傍聴席もシーンと静ま

り返っている。本当に一言ひとことに耳を傾けて、見聞きしたことに基づいて丁寧に判断する裁判で、市民参加による裁判への影響であると思いました。

　加えて、市民参加の社会への影響について、ひとことふれておきたいと思います。私が大きな成果だと思っているのは、裁判員経験者の方々が、まだ裁判員を経験していない市民の方々に自らの経験を伝えたいという思いを持って、主体的に行動されているということです。正直に申しまして、もっと裁判員制度が市民に身近なものになるのではないか、無罪率が上がるのではないかと思っていましたけれども、裁判員制度の10年をふり返りますと、予想もしていなかった展開が多々ありました。市民の司法参加は、司法の世界にとどまらないものなんですよね。社会の一員である市民が、国の裁判所から呼ばれて、公的に意義ある判決を行う、すなわち市民社会と政治世界と国が合わさったところが市民の司法参加なのだということです。これはとても稀な経験で、アメリカでも陪審員を務めた人は一生忘れないと言われています。裁判員もおそらく

同じだと思います。私は法社会学を専攻していますので、裁判員制度の10年をふり返りつつ、もっと長期的なスパンで裁判員制度をとらえて、市民の司法参加とは何なのかということを私なりに考えていきたいと思います。

青木：私が裁判官を辞めて大学教員に転じたのは、ちょうど平成16年（2004年）で、その年に裁判員法が制定されて、刑事訴訟法における平成の大改正が行われました。その頃、制度論として裁判員制度をどう考えるかという議論をしていたときに、ある場でこういう趣旨の発言をしたことを今でも覚えています。立法の議論としては「裁判官何人に対し、裁判員は何人が良いか」「守秘義務違反に懲役刑まで入れるかどうか」とか当時の政府・与党の政治的な議論のレベルにまで落とし込まれていた中で、「今回の改正の一番の目玉は、実は裁判員制度ではない。私の本音を言えば、最も大事なのは公判前整理手続と被疑者国選弁護制度を守り育てることだ」と発言しました。当時そんなこと公には言えなかったです。裁判員経験者の方に対しては失礼を申し上げるかたちになるのか

もしれませんが、制度技術的にはそれまで岩盤のように固く動かなかった日本の刑事司法制度に、差し込んでねじ開けるレバレッジ（てこの原理）のような働きをしてくれるのが裁判員制度なのだろうと私は当時から思っていました。今回、奇しくも私以外の論者の方からご発言がありましたが、まさに「裁判員制度、ありがとう」です（笑）。

　裁判員制度はやや沈滞気味といいますか、当初の熱気が薄れた状態にあるのも否定できない事実かと思います。私は、法技術的な制度を離れたところのある種の社会のダイナミズムというものを見落としているところから沈滞ムードが出てきているのだろうと思っています。ダイナミズムのひとつは、判例を通じた社会に対するメッセージの発信であるとか、シグナルであるとかとは思いますけれども、事実認定の面でも、量刑の面でも、最高裁判所の判例は「半歩踏み出すのは構わないけれども、急に二歩も三歩も踏み出すことはできません」という趣旨の判決をしました。飯先生の前でこんなことを言うのも恥ずかしいのですが、それは法社会学的にはダメージだった

と思います。結局、裁判員の感覚を裁判官に合わせたようなかたちで処理してしまったと受け取られてしまっているのではないか。逆に職業裁判官の感覚を裁判員の感覚にもう少し近づけた方が良かったのではないか。最高裁は強力なヘゲモニー（主導権）を握る機会を自ら手放したなあ、と。そういうふうに見ています。でも、いかにも裁判所らしい。そういうところなんです。だから、裁判所に広報なんて求めてもダメです（笑）。裁判員制度の広報は弁護士会とか、市民団体とか、そして国会の役割だと思います。もうひとつのダイナミズムは、大城先生が盛んに強調されている守秘義務の問題で、法定刑が重いとかそういうレベルではなくて、裁判員の経験を社会にフィードバックされるルートが確立していないから、裁判員制度というものが社会の共通したある種のブランドイメージを確立することに今のところ失敗しているのだと思います。そういった点についても、法律家の技術的な目で見るのではなくて、もう少し大きな視点で見て、改革の試みをしていかなくてはいけないのではないかなと思っています。

牧野：私はもともともは民事事件と破産事件ばかりやっていて、刑事事件はほとんど国選しかやっていませんでした。なぜこんなに裁判員裁判にどっぷり浸かってしまったかと考えてみますと、民事の合議事件なんかでめちゃくちゃな判決を受けることがよくあって、負けることは仕方ないとしても、全然争点になっていないようなつまらないところで負けると頭にきますね。そういう経験をしていたところに、突然、天から降ったように司法に市民の目が入ると。これは100年に一度の大改革に飛び込まなきゃいけないと思って飛び込んでしまって、どっぷり浸かってしまっています。

　私は評議の検証の重要性を一貫して主張していて、守秘義務緩和に向けた取り組みがライフワークになってしまっているので、やっぱり守秘義務を改革しなければいけないと強く思っています。せっかく市民の目が入ったのに「目隠し」というバカなことをなんでやっているのかと。誰から見てもおかしいことには、おかしいと言わなければいけないと思っています。

　裁判所に広報を期待することの是

非について。裁判所は国家機関であり、裁判官は公務員ですから、特定の団体だけを広報することはできないとは思いますが、裁判員経験者の民間交流団体があることだけは口頭で良いから伝えてほしいし、実際にそれに協力してくれた裁判官の方もいらっしゃいました。インターネットで調べて交流団体にたどり着き、それで救われたという経験者もいらっしゃいますから、裁判所がそれをやってくれるだけでも効果はあります。ということで、さきほど青木先生が裁判所に広報を求めるのは間違いだとおっしゃいましたが、私はあきらめていません（笑）。

周防：映画『それでもボクはやってない』をつくっているときに、もうすぐ裁判員制度が始まるということで、裁判員制度に賛成か反対かという話題で盛り上がっていたのをよく覚えています。一応、私は賛成していたのですが、上手くいくかどうかは賭けのような、博打のようなものだろうと思っていました。しかし、このどうしようもない刑事裁判を変えるには、陪審制とか、市民の目が入ってこなかったら絶対に無理だろうということも感じていました。ど

れくらい変わるかわからなかったけど、やってみるべきだと思っていました。

最初に裁判員裁判を傍聴したときは驚きました。以前から、市民にわかる言葉で法曹三者が裁判を進めれば、本当の意味で開かれた裁判になるはずだと漠然と思ってはいました。しかし、実際に裁判員裁判を傍聴してみて、今何が行われているのかがわかる裁判になっているということに本当に驚きました。それまでは被告人すら今何が行われているのかわからないのではないかと心配するくらいでしたので。

想像していた以上に、裁判員裁判が日本の裁判に良い影響を与えつつあるんだということを実感しています。ただし、日本人の多くは全くそのことに気づいていないです。なぜかというと、今まで立派な職業裁判官が担っていた裁判にどうして法律の素人を入れるんだと、なんでそんなことしなきゃいけないんだというのが多くの人の認識だからです。したがって、どんなにここで「裁判員裁判になって良くなったよね」と言っていても、一般的には全く通じないと思うんです。これをわかっても

らうには、従前の裁判がいかにひどかったかということをわかってもらうことが重要なのです。『それでもボクはやってない』をもうちょっと多くの人たちに観てもらわないと（笑）。

従前の裁判のどこがどうダメだったのかを理解することで、裁判員制度がそれをどう変えようとしているのかが実感できる。裁判員制度は素晴らしいと言うときには、従前の裁判に欠けていたことをきちんと伝えないと多分わかってもらえないんだろうなと思っているので、裁判員制度の成果を伝えるために、職業裁判官だけの裁判のダメだったところもきちんと伝えていかなければいけないなと思っています。

指宿：ここまでの議論に出てきていない大事な視点を最後にお話ししたいと思います。それは裁判員裁判を受けた被告人についてです。今後、裁判員裁判を経験した被告人から、あるいはその弁護人から、裁判員裁判を受けて良かったと、国民が参加した裁判によって審理されて良かったという評価を受けられるかどうかが、この制度に対する本当の信頼性・信用性の鍵となります。この国

に欠かすことのできない制度であるといえるかどうかは、その点にかかっていると思っています。なぜアメリカであれだけ陪審裁判が盛んかというと、それは憲法で自分たちの「仲間」が陪審裁判を受ける権利を自分たちで保障しているからであって、裁判官のためでも、検察官のためでも、警察のためでも、弁護士のためでもなく、被告人が陪審裁判を受けることを望むならそれを保障しようという仕組みにしているからなんですね。日本ではこの仕組みを採用しませんでした。被告人の選択に委ねなかった。裁判員裁判の管轄にあたる裁判は、全て裁判員裁判によって行うと決めたわけです。そうした以上は、被告人に裁判員裁判を押しつけているわけですから、良い裁判をしてもらったと被告人に、あるいは弁護人に満足してもらえるような手続かどうかということが問われる。とくに日本の裁判員裁判は、自白事件、つまり量刑を争う裁判が多いので、今後、裁判員裁判でとくに量刑が争われる事件で、どうしてそういう刑を裁判体が判断したのかということをどれだけ納得してもらえるか、あるいは適切な量刑判断につ

ながるような資料や情報や証人をど
れだけ公判に提出できるかというこ
とが私は大事だと思っています。

牧野：パネリストのみなさん、どう
もありがとうございました。これで、
第2部も終了とさせていただきます。
今回の議論が次の10年に有効に活か
され、より望ましい状況で「裁判員
制度の20年」を迎えられることを切
に願っています。

Column

裁判員制度の今後の展望 ― 裁判員を経験した弁護士の視点から

1　辞退率増加の原因

　2019年、施行から10年という節目を迎えた本制度、裁判員経験者は全国で類型9万人を超えています。その一方で、裁判員候補者による辞退は後を絶たず、辞退率は増加の傾向をたどり、その原因については、これまでに法曹関係者やマスメディアなど、各方面において多角的な観点からの分析がなされています。

　もっとも、私は、裁判員の経験がその後の人生にプラスの影響を与え得るということを市民に周知していないことが辞退率増加の主要な原因のひとつではないか、との印象を抱いています。市民の多くは、裁判員の経験がその後の人生にプラスの影響を与えること等、想像し難いのではないでしょうか。

　私は、辞退率増加に歯止めをかけるべく、裁判員の経験がその後の人生にプラスの影響を与え得ることを市民に周知する鍵となるのは、他でもない裁判員経験者の体験談であると考えています。

2　裁判員の体験談

（1）事件の概要

　私は、2012年12月に横浜地方裁判所（本庁）において裁判員に選任されました。

　私が担当したのは、被告人が離婚した元妻に対する恨みを晴らすため、同人の実家居宅等に放火しようと考え、2度に渡り放火を行った、とい

う連続放火事件。否認事件です。主要な争点は2つあり、1つ目は被告人が今回の事件の犯人か否か、2つ目は被告人の責任能力の有無でした。評議の結果、検察側の求刑通り懲役13年の実刑判決となり、被告人は控訴をしなかったことから、第一審判決が確定しました。

（2）当時の心境

　事件を担当した当時、私は都内のロースクールを卒業し、2回目の司法試験の受験勉強をしていた最中であったことから、司法浪人生として、市民と法曹三者とのいわば中間的な立場に置かれていたといえます。いち市民として、選任されたからには事件と真剣に向き合いたいという心境であったことはもとより、ブラックボックスとなっている評議を見てみたいという法的な観点からの思いも強くありました。

3　裁判員を経験した現在

　裁判員の経験から早7年が経ち、目標であった弁護士となった今では、裁判員を経験した横浜地方裁判所において、刑事弁護人として国選刑事事件を担当することもあります。

　裁判員を経験した際、公開の法廷で語られる事件関係者の生の声に傾聴することで、自分が向き合っているのは、抽象的な事件ではなく、被告人や事件関係者なのだ、いうことを実感しました。そのため、弁護活動をする際はできる限り接見を重ね、被疑者・被告人の生の声に耳を傾け、彼らと向き合うよう努力をしているところです。また、裁判員の経験を活かして裁判員制度とどのように関わっていくべきかを考えるべく、自らの体験談を語ることも含め、裁判員の各種イベントに参加するよう心がけています。

　裁判員を経験した当時は、ビジネスローヤーを志望していたことから、

どちらかといえば、刑事事件や裁判員制度との関わり合いが希薄な弁護士人生を歩むつもりでした。しかし、裁判員を経験したことで、刑事事件や裁判員制度にも興味を持ち、このような関わり合いを持つに至りました。

　このように、裁判員の経験は、私の弁護士人生にプラスの影響を与えたといっても過言ではありません。

4　今後の展望

　多くの裁判員経験者の体験談には、臨場感があり、とても興味深いものです。というのも、裁判員候補者名簿に載ったときから、裁判員裁判を経験して現在に至るまでの各プロセスにおける心情の変化がリアルに語られるからです。そして、私が聞いた体験談の多くは、裁判員の経験がその後の人生にプラスの影響を与えたと受け取れるものでした。そればかりではなく、裁判員制度に対する率直な意見や感想は、同制度が抱える問題点を浮き彫りにし、制度改善へ導く鍵になる、と考えています。現に、裁判員経験者から声が上がっている守秘義務緩和や心理的負担の軽減等、様々な問題点につき、関係者の間で活発な議論を呼んでいます。

　裁判員は、市民の中から選任される以上、市民間における活発な議論なくして、同制度がより良い方向に進んでいくことは期待し難いものです。

　そこで、裁判員経験者の体験談、とくに裁判員を経験することによりその後の人生にプラスの影響を与え得るということをより多くの市民に周知し、市民の裁判員制度に対する関心を向上させ、市民間における活発な議論を促し、ひいては辞退率増加の歯止めとなることを期待しています。

花田弘介（弁護士）

守秘義務の緩和を
求めて

市民団体と研究者たちが共同で行った記者会見の概要を収録

守秘義務の緩和を求めて

牧野　茂（弁護士）

大城　聡（弁護士）

■ はじめに

　裁判員制度施行10年の節目に、この制度の未来を照らす、画期的な共同提言が作成・公表されました。裁判員経験者ネットワーク、一般社団法人裁判員ネット、裁判員ラウンジ、陪審裁判を考える会、市民の裁判員制度めざす会、裁判員交流会インカフェ九州の有志一同の6団体で、2019年5月19日にとりまとめて公表した「守秘義務の緩和を求める共同提言」です（提言の全文は本書55〜56ページに掲載）。この提言は、裁判員経験者ネットワークおよび一般社団法人裁判員ネットによって、衆参両議院、最高裁、法務省などに提出されました。そして、そのことを公にする記者会見を、2019年6月26日、東京・霞が関の司法記者クラブで行いました。

■ 記者会見の概要—守秘義務の緩和を求めて

1　記者会見の趣旨

　記者会見は、共同提言に沿った裁判員法改正を実現するための第一歩として行いました。

　現行の裁判員法の守秘義務規定は、裁判員、補充裁判員の職務中に限らず、その任務終了後も、評議の内容は原則すべて話せないと規制し（70条1項）、違反者には懲役刑も含む刑事罰を規定しています（108条）。たしかに、評議の適切な守秘義務は、評議における自由な意見表明を保障する重要な機能を有しているといえるでしょう。しかし、現行の裁判員法は、評議内容のすべてを守秘義務の対象としており、裁判員経験者に過度の負担と萎縮効果を与えるという重大な弊害を生じさせています。感想だけは話してよいとされ

ていますが、評議の内容は一切話せないことに変わりはありません。そのことによって、裁判員、補充裁判員、そして裁判員経験者に心理的負担を与え、裁判員裁判の社会での共有を妨げています。裁判員裁判の情報を社会で共有することなくして、制度自体の改善・発展はありえません。裁判員の経験が適切に社会の中で共有されるようになれば、上昇する辞退率と低下する出席率など、裁判員制度をめぐる今日的問題の解消にもつながるはずです。

　そこで、議論の自由を保障し、プライバシーを保護するという守秘義務の機能を維持しつつ、過度な守秘義務による弊害を除去するために、評議の内容は発言者を特定しないかぎり、裁判員経験者が原則として自由に話せるように裁判員法70条を改正することを求めて共同提言を作成し、記者会見を行いました。2015年の裁判員法改正において守秘義務緩和の議論は出ましたが、改正には至りませんでした。衆議院法務委員会および参議院法務委員会の附帯決議では、守秘義務の在り方に関しても次の見直しでは裁判員経験者等の意見が反映されるように配慮して十分に議論することが求められています。2019年は裁判員制度10年の節目であり、制度の見直しのタイミングでもあったことから、社会に広く問題提起すべきであると考えました。守秘義務の緩和によって、裁判員の経験が共有されることで、司法の国民的基盤がより強固になるものと考えています。

2　裁判員経験者が語る守秘義務の問題

　記者会見には裁判員経験者3名が参席しました。そして、評議に参加して任務終了後の現在に至るまでの守秘義務の課題と感じている点について、問答形式で発言し、社会に向けて守秘義務を緩和することの必要性を訴えました。以下、記者会見当日の質問者（牧野）と裁判員経験者3名（澤田敦子氏、裁判員M氏、高橋博信氏）との問答の一部を紹介します。

牧野：最初に澤田さんへ質問します。以前、裁判員経験者ネットワークの交流会で、15分くらいノンストップで一気に話し続けて「あー、スッキリしました」とおっしゃったのが印象的でした。任務終了後、誰かに思う存分話したいという気持ちがあったということでしょうか。

澤田：はい。任務終了後は、どうも「守秘義務」という言葉が独り歩きをしているようで、自分よりも周囲が守秘義務を気にして腫れ物に触るような感じだったんです。誰も「裁判員どうだった？」とか聞いてきませんでした。また、話して良いこと、良くないことの線引きが曖昧な部分もあり、裁判員経験についてどこまで話して良いか、誰になら話せるか、多少不安があったので、話せない不満が溜まっていました。

牧野：現行の守秘義務の規定では、評議の内容は話せないけど感想なら話せることになっています。どこまでが感想で、どこからが評議の内容か、とくに評議の経過かということの区別は、判断しにくいということでしょうか。

澤田：はい。判断しにくく、区別がよくわかりません。評議の内容や経過があっての感想ですので、そもそも評議の内容と感想を切り離して考えるということ自体に違和感があります。

牧野：ところで、周囲の人たちは裁判員経験の話には興味を持たなかったのですか。

澤田：裁判員体験談について、周りの人たちが私に直接聞いてくることはありませんでした。しかし、私の印象では、裁判員を経験したことがない一般の市民の方々は、実はとても裁判員の経験談に興味を持っているように思います。例えば、裁判員経験者の友人のひとりは、職場の人たちやお客様などから「職場に戻ってきたら、ぜひ裁判員の話を聞かせてね」と言われたそうです。私の家族、友人や知人も、直接聞いてはこなかったですが、話を聞きたそうにしていたようには思います。守秘義務を気にして、遠慮していたのでしょうね。

　結局、裁判員経験者の周りにいる一般の人たちを遠慮させて、裁判員経験者の声を社会に届きにくくさせているのは守秘義務なのだと思います。裁判員経験者の体験談を聞きたいと思っている、必要としている一般の人たちは、社会の中に一定数いらっしゃるのに、それを阻害しているのが守秘義務なのです。飯先生が主催されている裁判員ラウンジなどで、市民の皆様に裁判員経験をお話しするようになって、参加されている方々が熱心に話を聞いてくださる姿を見ていて、俄然その思いに確信を持てるようになりました。

牧野：よくわかりました。さて、お話の中に裁判員経験者のご友人のエピソードが出てきました。その方は同じ裁判体だった方なのでしょうか。それとも、裁判員としての任務を終えた後に知り合われた方ですか。

澤田：任務を終えた後に、裁判員経験の広報活動をする中で知り合った方です。

　実は、同じ裁判体だった方に「裁判員経験を話してみようよ」と民間の裁判員交流団体への参加を誘ったことがあったのですが、断られてしまいました。任務終了直後は、貴重な体験なので社会に伝えなければ、伝えたいという熱い思いにあふれている人が多いのですが、周囲に話さないまま時間が経ってしまうと、その人たちの使命感や熱い気持ちも冷めてしまうように感じました。裁判員制度の改善や発展という視点からも、せっかく貴重な経験を持っているのに、誰にもその経験を話さないまま、その経験者の胸の内だけで消えていってしまっている有益な情報というのもけっこうあるのではないかと思っています。話すことをためらわせている現在の守秘義務規定を改善すれば、任務終了直後の気持ちが熱く記憶が鮮明なうちに周囲に気軽に体験を話せて、経験者本人にとっても周囲の人たちにとっても、そして経験者の体験を共有すべき社会にとってもプラスになると思います。

牧野：おっしゃるとおりだと思います。どうもありがとうございました。

　次に裁判員Mさん、あなたは任務終了後に、裁判員経験を周囲に広く伝えたいとの思いがあって、裁判員経験者ネットワークをはじめとするさまざまな交流団体に参加するようになったということですね。なぜ体験を広めたいと思ったのですか。

裁判員M：裁判員候補者になったとき、インターネットの体験記を見てすごく参考になりました。未知の体験を知ることができて、これから自分が体験することへの安心感を持てたので、自分も誰かのために広めようというふうに思いました。

牧野：なるほど。ご自身の裁判員経験を伝えていくために、何か工夫されているようなことはありますか。

裁判員M：最近、日記風に体験記をまとめてみようと思い、裁判員経験に

ついて書き出しました。しかし、書いている途中で、どこまで書いて良いのか不安になってしまって、残念ながら中断してしまいました。

牧野：守秘義務にふれる限界がわからないので書き続けられなかったということでしょうか。

裁判員 M：はい、そうです。罰則もあると聞いているので、怖くなりました。

牧野：お気持ちはよくわかります。どうもありがとうございました。

　最後に高橋さんにお聞きします。あなたは裁判員経験者ネットワーク、裁判員ラウンジその他の裁判員経験者が交流する組織に幅広く参加されています。そのご経験を踏まえて、現在の守秘義務規定の在り方に問題があるかどうかについて2点お聞きしたいと思います。

　1点目ですが、現在の守秘義務規定は、話すことができるとされている評議の「感想」と、話すことができないとされている評議の「具体的内容」（例えば、評議の経過など）との区別がつきにくいとも言われている点についてです。経験者交流団体に参加して積極的に体験談を話す裁判員経験者は全体のうちのごく一部のようですが、この区別がつきにくいということが大多数の経験者が周囲に経験を話さない、周囲も遠慮して聞かないということと関係していると思われますか。

高橋：はい。明確に関係があると思います。自分は体験を話したいと思っているんだけど、周囲が気にして話しかけてこない。体験を聞かないように気を遣っている。そして、いざ話そうとしても、感想と具体的な評議の内容との区別が自信を持ってつけられないので、それなら何も話さない方がいいやと結局感想すら何も話さない。このようなケースが多いと、私が出会った多くの裁判員経験者が語っています。

牧野：わかりました。2点目ですが、評議の守秘義務の範囲そのものが広すぎて、禁止されていること、すなわち話せないことが膨大過ぎるのではないかという点についてもお聞きしたと思います。そもそも、守秘義務規定の趣旨は、評議の内容の公表の全面禁止です。感想だけは話せると言われていますが、感想は評議の内容ではないので、評議の内容については結局全面禁止です。量刑でどのファクターを重視するかで議論が白熱したとか、殺意の有

無が争点の事件において動機と刃物が刺さった体の場所とどちらを重視するかで議論があったとか、裁判員が長時間かけて議論したことが一切話せないという点についてどう思われますか。

高橋：ある程度時間をかけて裁判員と裁判官が議論したことは社会の中でオープンなかたちで共有・蓄積できるようにして、その後の裁判に役立てるようにした方がいわゆる訴訟経済にも適って有益だと思います。

牧野：現在の守秘義務規定は原則として評議の内容について公表することを全面禁止していますが、発想を転換して、評議について発言することを原則自由としたうえで、例外的に一定の禁止事項を設けるという法改正に向けた提案もあります。それについてはどう思われますか。

高橋：私はその法改正案に賛成です。現在の守秘義務規定の原則と例外を逆転させるのが正しいと思います。自分もそうでしたが、多くの裁判員は、それぞれの社会経験に基づいて真剣に意見を出し合って議論し、被告人や被害者のことを親身になって考えて結論を出します。それなのに感想程度しか体験談を話せないというのは、市民が司法に参加するこの制度の趣旨に沿わないと思います。原則自由ということになれば、裁判員としての任務を終えた経験者は周囲に堂々と体験を話せるようになって、経験者の精神衛生上も良い効果が期待できますし、風通しの良い社会になって有益だと思います。

3　臨床心理士が語る守秘義務の問題

　記者会見では、臨床心理士の立場から見た守秘義務の弊害についても言及がありました。当日の参加は適いませんでしたが、臨床心理士かつ裁判員経験者の堀内美穂氏と山口威氏の連名でコメントが寄せられました。コメントの要約は下記のとおりです。

堀内氏・山口氏のコメント：

　　裁判員の体験は、一般の日常生活を過ごしている市民にとっては非日常の体験です。特に審理中は深刻かつ悲惨な犯罪事実に直面し、被害者の生の声も聞くことにもなります。当然これらの審理への立ち会いにより、怒りの感情だったり、同情心にかられたりすることにもなります。他方で、冷静に

判断しなければいけないことも要求されるので、これは心理学的にはかなりの心の緊張状態、ある種の心の負担を覚える状態です。人によってその強さ、程度は異なりますが、何らかの心の負担は生じがちです。私たちは臨床心理士ですが、やはり裁判員を務めている最中にはある程度の心の負担や緊張は感じました。

　この心の負担を軽減、解消することが、裁判員の精神衛生のためにも望まれます。心の負担を軽減・解消する最も有効で自然な方法は、他人に話して楽になるということです。ところが、現状の守秘義務規定では、どこまで話して良いか、どこから守秘義務違反になるかがわかりにくいと言われていて、その結果あまり他人に裁判員体験を話せないケースが多いと聞いています。私たちは、裁判員経験者が自らの体験を他人に気楽に話せるように、守秘義務規定を明確にするとか、原則的に何でも話せるようにして例外的に一定の事項だけを禁止するというように改正することが望ましいと考えています。

　審理中の心のケアに関していえば、裁判所に臨床心理士を待機させて心のケアへの対応ができるようにするべきだと思います。事後的なメンタルケアサービスもあっても良いですが、審理中にこそ心のケアが求められますし、裁判員本人も自分が心の負担があるかどうかその時は自覚も難しいので、待機している臨床心理士が発問したりしてケアすることが有益だと思います。裁判長が裁判員の様子をケアするように裁判所では対応されているとのことですが、裁判官は法律の専門家ではありますが心のケアの専門家ではないので、やはり臨床心理士やカウンセラーの審理中のサポートが必要だと私たちは思っています。

■　おわりに

　記者会見では、所属する専修大学のラウンジスペースを開放して裁判員と市民・法律家らが自由に語らい合う「裁判員ラウンジ」を主催している法社会学者の飯考行氏からも非常に有意義なコメントをいただきました。コメントの要旨は、（1）裁判員ラウンジで裁判員経験者へ質問するとき、研究者

の自分でも「守秘義務違反かもしれない」と質問をためらってしまうときがある、（2）守秘義務規制は各国まちまちであり、立法裁量なので緩和可能である、（3）司法制度・裁判員制度を研究対象とする研究者にとっては、裁判員制度の「評議」が最重要課題であるため守秘義務規定が研究障害となっているという3点です。法改正にたずさわる人たちには、飯氏のコメントをよく心に留めて検討を重ねていただきたいと願っています。

　裁判員も、その情報を受ける側の社会も、「話したい」「聞きたい」という関係にあるにもかかわらず、守秘義務がそれを阻んでいます。さらに、守秘義務違反には重い罰則も規定されています。私たちは、裁判員法が改正されて守秘義務が緩和されるまで、力強く声を上げ続けていく所存です。

Column
③

裁判員経験者としてさまざまな交流会に参加して思うこと

　2019年5月で10年を迎えた裁判員制度。裁判員と補充裁判員を合わせると約9万人の市民が裁判員裁判を務めたとされています。

　私は制度施行から2年後の2011年6月に東京地方裁判所・立川支部において裁判員を務めました。当時、東日本大震災から3か月経過していても、テレビでは震災関連の報道ばかりされていた頃です。被告人の罪名は、強盗致傷罪。求刑7年でしたが凶悪犯罪とは言い難く、とても切ない裁判でした（裁判の概要は、飯考行・裁判員ラウンジ［編著］『あなたも明日は裁判員!?』26ページ以下をご確認ください）。

　裁判員裁判を終えて、会社の先輩に裁判員を務めたことを報告しようとしたところ、「守秘義務があるんだから話したら違反だろう！」と制止されたことがありました。その先輩に限らず、周囲の人たちは「裁判員裁判＝守秘義務＝さわらぬ神に祟りなし」と思っていた節がありました。

　後日、経験談を友人に話したとき「裁判官主導で裁判を進めるから裁判員なんて所詮お飾りだよ！」「『裁判員6票 vs 裁判官3票』と割れた場合は、裁判官の3票が有効なんて道理に合わない！」と言われました。たしかに、裁判員も裁判官も同じ1票なので重みは同じなのですが、有罪判決を出すには裁判官1人以上が賛成することが条件とされています。また、裁判員6人が無罪、裁判官3人が有罪の場合は多数決で無罪となることから、有罪判決には最低限でも裁判員を務める市民のうち2人が

有罪に賛成する必要があるともされています。

　有罪か無罪かで票が割れたことなど、いわゆる評議の秘密は守秘義務規定により評議室の外に漏れることは理論上ありません。しかし、評議の経緯なども、発言者や個人を特定しなければ公表を自由とすべきだというのが、裁判員を実際に経験しての私の思いです。市民のみなさんは誰が発言したのかではなく、「どんな論議が取り交わされた結果の判決なのか」を知りたいはずなのです。

　裁判員を務めて約2年半後、裁判員経験者交流会や裁判員ラウンジ、大阪・裁判員ACTなどの市民団体で経験談を語り合う機会にめぐりあえました。経験者同士で体験を共感し合い、これから裁判員を経験する方々に情報を提供することの重要性を知りました。今では裁判員裁判・司法に関連する本や映画を集めるのがライフワークで、それらを仲間へ貸し出す私設の小型図書館のような存在になっています（約100冊の裁判員関連書籍と約50本の映画・ドキュメント番組のDVDを所持しています。法務省が企画制作した『山口六平太・裁判員プロジェクトはじめます』（非売品）等、貴重な作品、品切れ本など多数手元にあります）。このような裁判員経験後の生活の中で、今まで縁のなかった司法の世界について学ぶ機会が増えて、もっと多くの市民に日本の司法の現状を知ってほしいという気持ちを抱くようになりました。

　例えば、犯罪被害者のみならず、犯罪加害者も支援すべきことの必要性についてです。大阪の裁判員ACTが2018年9月に開催したセミナーで行われた「障がい者と裁判―罪を犯した障がい者を支援する立場から視えた裁判とは―」と題した社会福祉士の方の講演が、私にこの問題の重要性を強く訴えかけました。その講演では、「被告人は発達障がい

（アスペルガー症候群等）や適応障がいであることが多い傾向にあるが、見た目はごく普通の人であるため気づきにくい。事件を起こしたからといって刑務所に収監するのは逆効果であり、深層心理の根底が変わらなければ出戻りを繰り返す」として、被告人（加害者）を支援すべき（セーフティーネットの）必要性が説かれました。裁判員裁判の導入だけで司法や社会を変えることはできないとは思いますが、処罰（収監）だけに頼るのではなく、再犯防止や平穏な社会の実現といった観点から治療の必要性も考えるといったような判決こそが、市民が参加する裁判に求められているものなのではないかと、その講演を聴いてから思うようになりました。

　NPO法人マザーハウスの五十嵐弘志氏など、入所中の受刑者と文通を重ねたり、被告の情状証人として法廷に立ったり、出所後の社会復帰支援を行ったりしている人たちがいることも、裁判員交流団体への参加を通じて知りました。裁判員制度は私の視野と人生の幅を広げてくれました。辞退率増加、守秘義務の緩和、裁判員候補者であることの公表禁止規定の緩和など、裁判員制度にはまだまだ改善の余地があるというのは事実だと思います。それでも、今後どの様に変わっていくのか、そして加害者支援の問題など今日的な司法や社会の課題をどう解決していってくれるのかを、裁判員制度の持つ力に期待せずにはいられません。

　最後に、裁判員制度10年の転換期に審理が行われた相模原障がい者施設（津久井やまゆり園）殺傷事件についてひとこと。45人もの入園者が殺傷された凄惨（せいさん）な事件の裁判員を2か月にもわたって務められた方々の辛労（しんろう）は想像を絶するものがあります。被告人の控訴取り下げで死刑判決が確定しました。その判決に関わったのが誰かに関係なく被告人は極刑

を受け入れたはずです。どうか裁判員のみなさまが一日も早く平穏な気持ちで日常生活を送れるようになりますように。いつか裁判員経験者の交流会などでお会いすることがあれば、その重荷をお分けください。

高橋博信（裁判員経験者）

IV

裁判員制度10年の
実践と分析

現役の裁判官による評議の実践と記者による10年間の分析

1　裁判員制度10年の実践

国民参加の意義のある評議をめざして

國井恒志（東京高等裁判所判事）

はじめに

　本稿は、評議を中心に、裁判員制度10年目の実践を紹介しつつ、刑事裁判への国民参加の意義と展望について付言するものである。

　みなさんは、裁判員制度施行10周年を迎えて、刑事裁判の国民参加の意義を実感できているだろうか。

　裁判官を除くと、裁判員制度については、評議よりも公判審理やその準備の方に関心が高いかもしれない。たしかに、公判審理は、裁判員制度によって刑事司法に参加するようになった裁判員や補充裁判員（以下、単に「裁判員」という）を説得する場面であるから、公判審理とその準備に関心が集まるのは当然である。また、各地で行われている模擬評議を除けば、評議の進め方を知る機会も少ないと思われる。しかし、評議こそが、国民参加の核心、すなわち、国民の視点や感覚と裁判官の専門性とを背景に裁判員と裁判官の実質的な協働が求められる裁判員制度の核心をなす場面であるから、評議のあり方に関心を持たずに、裁判員裁判における有益な訴訟活動はできないはずである。評議では当事者の説得の成果が集約される。裁判官の個人的な技量や精神論に依存しない評議方法の確立は、裁判員制度の重要な課題の一つであることは間違いない。評議のあるべき姿については、法曹としての役割を問わず、高い関心を寄せてもらいたいと思う。

　なお、本稿は、令和元年5月に千葉大学で開催された2019年度日本法社会学会学術大会のミニシンポジウム「刑事司法における市民参加の展開」の中での報告内容をもとに加筆修正したものである。裁判員制度は、施行10周年を迎えたとはいえ、未だ草創期にある。ここで紹介する実践例も、将来にわたって不断の運用改善が欠かせないものである。また、あくまで一個人とし

ての裁判官の実践例を紹介したものであるから、他の裁判官も同様の運用を採用しているというものではないことに留意されたい。

裁判員制度の導入と基本モデル

1　裁判員制度導入の意義

　平成11年7月に内閣に設置された司法制度改革審議会は、司法制度改革の3本柱として、①国民の期待に応える司法制度の構築、②司法制度を支える法曹のあり方、③国民的基盤の確立（国民参加）を掲げ、裁判員制度を国民参加の中核として位置づけた。すなわち、一般の国民が、裁判の過程に参加し、裁判内容に国民の健全な社会常識がより反映されるようになることによって、国民の司法に対する理解・支持が深まり、司法はより強固な国民的基盤を得ることができ、刑事手続において、広く一般の国民が、裁判官と共に責任を分担しつつ協働し、裁判内容の決定に主体的、実質的に関与することができる制度として、裁判員制度が導入された。

　裁判員法の立法の経緯をみると、司法制度改革審議会意見書では、裁判員が関与する意義は、裁判官と裁判員が責任を分担しつつ、法律専門家である裁判官と非法律家である裁判員が相互のコミュニケーションを通じてそれぞれの知識・経験を共有し、その成果を裁判内容に反映させるという点にあるとされ、そこでは、裁判官と裁判員のどちらか一方が中心あるいは主役というのではなく、裁判官と裁判員のいずれもが主役であり、それぞれ異なるバックグランドを持ちながらも、対等な立場で、かつ相互にコミュニケーションをとることにより、それぞれの異なった知識・経験を有効に組み合わせて共有しながら、協働して裁判を行うという制度が構想されている。

　そして、裁判員制度の合憲性について判断した最大判平成23年11月16日刑集65巻8号1285頁は、「裁判員制度は、司法の国民的基盤の強化を目的とするものであるが、それは、国民の視点や感覚と法曹の専門性とが常に交流することによって、相互の理解を深め、それぞれの長所が生かされるような刑事裁判の実現を目指すものということができる。その目的を十全に達成する

には相当の期間を必要とすることはいうまでもないが、その過程もまた、国民に根ざした司法を実現する上で、大きな意義を有するものと思われる」と判示している。

2　裁判員制度の基本モデル ── 二項対立モデルから多職種協働モデルへ

（1）「裁判員 VS 裁判官」という二項対立モデルからの脱却

　裁判員制度の施行前後は、裁判員制度は、【図1】のような「裁判員 VS 裁判官」という「二項対立モデル」のイメージでとらえられることが多かった。たしかに、法律の専門家である裁判官と多様な背景を持つ一般市民である裁判員が参加するというメンバー間の非対象性は、評議のあり方を考慮する上での大きな要因であることは間違いない。しかし、「裁判員 VS 裁判官」という二項対立モデルは、裁判員制度導入の意義を正しくとらえたものではない。裁判員裁判の裁判体というチームは、原則として3人の裁判官と6人の裁判員によって構成されているが、6人の裁判員はひとつのグループではなく、6人それぞれが異なった知識・経験を有する個性ある存在として、それぞれの視点や感覚が裁判に反映され、より多角的で深みのある裁判となることが期待されている。

　他方、3人の裁判官もそれぞれが独立した個人であるべきことが期待されているが、その根拠は、裁判官の独立という憲法上の要請にとどまるものではない。たしかに、3人の裁判官は、法律の専門家という点では共通し、通

【図1】従来の「二項対立モデル」

従来の「二項対立モデル」

裁判員　　　　　　　　　　裁判官

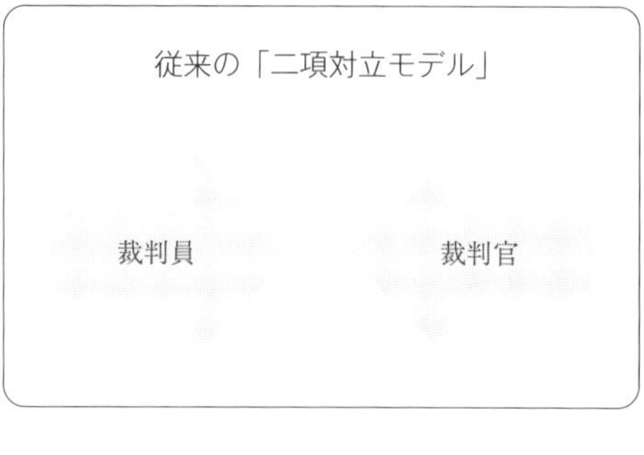

常は地方裁判所における裁判官のみの合議体と同じ構成であるため、ひとつのグループとして捉えられがちである。しかし、裁判官の合議体は、裁判長１名と陪席裁判官２名の３人で構成され、一般的に、裁判長は、３名の中で最も経験の長い裁判官が担当し、右陪席裁判官は、単独で審理判決ができる資格を持つ裁判官、左陪席裁判官は原則としておおむね５年未満の経験を持つ裁判官となっている。裁判員制度施行以前から、裁判官の合議体では、このような異なった経歴を持つ裁判官が、１人１票を前提に、自由な雰囲気でのびのびと発言できることや反対意見を述べることが歓迎されており、そのような合議によって、各裁判官の異なった知識・経験を活用した、より熟考された、公正かつ客観的な裁判を行うことが期待されている。

　こうしてみると、裁判員制度の基本モデルは、裁判員と裁判官の「誰もが」主役であり、それぞれ異なるバックグランドを持ちながらも、対等な立場で、かつ相互にコミュニケーションをとることにより、それぞれの異なった知識・経験を有効に組み合わせて共有しながら、協働して裁判を行うという制度、つまり、「多職種協働モデル」にあるというべきであろう。

（２）「多職種協働モデル」による「チーム医療」

　多職種が連携協働するモデルは、医療観察制度の導入によって刑事司法にも身近となった医療や福祉の分野によく見られる【図２】。

　裁判員制度では、裁判官３人と裁判員６人が、多職種協働チームとして、それぞれ異なるバックグランドを持ちながらも、対等な立場で、かつ相互にコミュニケーションを取ることにより、それぞれの異なった知識・経験を有効に組み合わせて共有しながら、ひとつの刑事事件について協働して裁判を行うことになる【図３】。

３　多職種協働チームにおける裁判官の基本的な役割

　裁判員裁判において、裁判官は、評議における裁判員と裁判官相互のコミュニケーションという新たな局面でのコミュニケーション能力が要求される。具体的には、裁判員法は、裁判官に対し、①「必要な法令に関する説明を丁寧に行う」ことや、②「評議を裁判員に分かりやすいものとなるように整理

【図2】多職種連携（在宅介護）

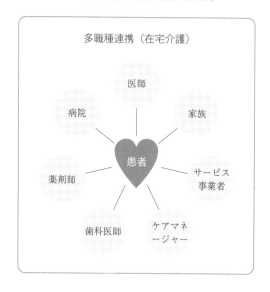

【図3】多職種協働チーム

し、裁判員が発言する機会を十分に設ける」ことを求めており（裁判員法66条5項）、裁判官は、①プレゼンテーションや②ファシリテーションのスキルを身につけることが期待されている。さらに、裁判員制度は、裁判員と裁判官がひとつのチームとなって、協力し合い、充実した議論をして良い結論を出す、協働作業であるから、裁判官には、③「裁判員の参加する合議体」というチームをつくり上げること（チーム・ビルディング）も期待されていることに留意しなければならない。

　現在は、裁判員制度施行前後の二項対立モデルから脱却すべき時期に来ており、「裁判員の参加する合議体」は、「裁判官及び裁判員」（裁判員法2条1項、66条1項）という多様な個人から構成される「多職種協働チーム」であって、裁判員制度は、重大犯罪という社会の病理現象に対処するための「チーム医療」と捉えるべきであろう。裁判官は、このような「多職種協働モデル」による「チーム医療」を実現するために、①プレゼンテーション、②ファシリテーション、さらに、③チーム・ビルディングのスキルを身に付けて、裁判員制度を運用しなければならない。

裁判員と裁判官の実質的協働を実現するための基本的なツール

1　裁判員に立ちはだかる3つの壁

　裁判員には、3つの壁が立ちはだかっている。それは、①法律の壁、②事件の壁、そして、③会議の壁である。

　裁判員法が制定された当時から、評議における裁判員と裁判官の実質的協働には大きな課題があることが指摘されていた。すなわち、①裁判や法律の専門家でもなく、そもそも裁判所にほとんど来たことのない国民が、はたして法律の専門家である裁判官と対等の立場で議論して意思決定ができるのか（法律の壁）、また、②裁判員は、公判審理を通じて、事件の内容を理解することできるのか（事件の壁）、さらに、③仮に見て聞いて分かる公判審理が実現できたとしても、評議の場で、裁判員が裁判官の意見に迎合してしまったり、裁判官の議事進行次第で裁判員たちの自由な意見交換が阻害されてし

まったりすることが往々にして生ずるのではないか、多くの裁判官はこのような事態にならないように努めるであろうが、裁判官は法律の専門家であってコミュニケーションやファシリテーションの専門家ではなく、裁判官がこれまで蓄積してきた法律的な知見や経験だけでは対処できないのはないか（会議の壁）という点である。裁判員と裁判官の実質的な協働のために、裁判官は、裁判員に立ちはだかる３つの壁の存在を認識し、その壁に「扉」を取り付けて、裁判員が評議に自由に参加できるようにする必要がある。

　実は、これら３つの壁の存在は、裁判員制度施行前の模擬評議で既に明らかにされていた。そして、①「法律の壁」に対しては、裁判員に対して必要な法令に関する説明を丁寧に行う裁判官の義務（裁判員法66条５項）の重要性が説かれ、その後、説明内容を中心に、司法研究報告をはじめとして実務家による多くの論稿が発表されている。②「事件の壁」に対しては、見て聞いて分かる審理の実現、具体的には人証中心の立証活動等の当事者による努力が強調されている。最後の③「会議の壁」に対しては、コミュニケーション研究によって得られた知見の活用等が提言されている。本稿では、裁判員と裁判官の実質的協働を実現するために、どのようにして「会議の壁」に「扉」を取り付けるのか、その基本的な方策を中心に紹介したい。

2　裁判員と裁判官の実質的協働を実現するための10年目の実践

（1）評議における「５つのお願い」―グラウンドルールの設定

　会議の場で顕在化するさまざまなリスクに対応するため、会議の最初に、話し合いのグラウンドルールを確認し、参加者全員でルールを共有するのは、ファシリテーションの基本である。刑事裁判のルールである基本的な証拠法則（証拠裁判主義、犯罪事実の立証責任、必要な証明の程度）は、選任手続だけでなく刑事裁判の過程全体を通じて理解されていなければならない。しかし、刑事裁判のルールを説明するだけでは評議がうまく進まないことは、裁判員制度施行前の模擬評議から明らかになっていた。

　評議において「裁判員が発言する機会を十分に設ける」ために、裁判官は安心した意見交換の場を裁判員に提供しなければならないから、評議におい

【図4】評議におけるグラウンドルール

評議における「5つのお願い」

1. 肩書や立場にこだわらず、**対等な立場で**自由に発言しよう！
2. **疑問**や分からないことをはっきりさせよう！
3. 人の話をよく聴き、他人の「**異見**」を尊重しよう！
4. **理由**や根拠を考えよう！
5. 限られた時間の中で、最大限の成果を目指し、一つの**チーム**として、合意形成に向けた努力をしよう！

裁判員制度

ても合理的なグラウンドルールを設定することが必要である。さらに裁判員だけでなく裁判官も遵守しなければならないグラウンドルールを明示することは、裁判員と裁判官の対等性の確保のみならず「法の支配の原理」を体感してもらうためにも大切なことである。

　実践例として、評議では、選任手続後のできるだけ早い段階で、評議における「5つのお願い」を裁判員に提示している。これは、公共事業計画の進め方における市民参加の「話し合いルール」として有名な「木津川ルール」の知見を参考にしたものである（判例時報2052号 2009年 12頁参照）。これまで何度か微修正を繰り返してきたが、現在のルールは、【図4】のとおりである。

① 肩書や立場にこだわらず、対等な立場で自由に発言しよう！

　評議の場面で生じる最初のリスクは、沈黙、つまり意見が出ないことである。裁判員の職務は「裁判員の参加する合議体」の一員として意見を述べることにあるから、多様な意見を引き出すために、まず、肩書や立場にこだわらず、自由に発言できることを明らかにする必要がある。

② 疑問や分からないことをはっきりさせよう！

　意見が出ない原因の多くは、意見表明以前に多くの疑問があるからである。例えば、法律や裁判手続が分からない、審理の内容が理解できない、進行役

の質問が理解できない、裁判員も評議も初めてで、いつどこで何をどのようなタイミングで話したらよいかも分からない。このように、初めて裁判員裁判に参加する裁判員の疑問は尽きないものである。裁判員には、自分のためだけだと思わずに、他の人のためと考えて、疑問点をみんなで出し合ってもらうことが重要である。

③ 人の話をよく聴き、他人の「異見」を尊重しよう！

　人の話をよく聴くのは、話し合いの基本だが、裁判官・裁判員を問わず、人の話を聞かずに自分の意見を滔々と述べる人がいるという現象は、裁判員制度施行前の模擬評議でも時折みられた。また、人は、自分と同じ意見に対しては自然と耳を傾けるものだが、自分と異なる意見は耳に入らない傾向がある（例えば確証バイアス）ともいわれるから、「異見」に対しては特に意識して耳を傾けなければならない。「異なる意見がチームの意見を強くする」のであって、評議は、「討議民主主義」や「熟議民主主義」の実践の場でもある。

④ 理由や根拠を考えよう！

　評議の質を上げるためには、机上の空論やかみ合わない議論を回避する必要がある。そのためには、意見の理由や根拠、具体的な例を挙げてもらう必要がある。また、対立しているように見える意見でも、その理由や根拠を考えると、実は同じ発想に基づくものだったり、より素晴らしい意見が生まれることがあることは、人類が多年にわたって経験してきたところである。

⑤ 限られた時間の中で、最大限の成果を目指し、一つのチームとして、合意形成に向けた努力をしよう！

　裁判員制度は、国民が連携、協働して行う一度限りのチームによる刑事裁判である。また、裁判の結論はチームとしての結論であって、個々の裁判員が個人的に責任を負うべきものではないという認識を共有することは、重大事件における裁判員の精神的負担を軽減するためにも有益である。

（2）付せん紙法

　ア　付せん紙法とは

　付せん紙法は、参加者（裁判官と裁判員）が、付せん紙（例えば、75ミリ

【図5】付せん紙法のイメージ

付せん紙法のイメージ

刑を重くする方向に働く事情					
刃物を使用している。	お腹を刺している。	全治3か月の重傷	被害者が厳罰を求めている。	反省しているようには見えない。	再犯の可能性が高い。
包丁を使っている。	胴体を刺している。	けがが重い。	被害者の処罰感情	反省していない。	
凶器の使用		重いけが	被害感情		
包丁使用		重いけが			
包丁		重傷			

裁判員制度

メートル四方のポストイット）に疑問や意見等を無記名で記入し、ホワイトボード上の模造紙に張って意見等を整理していく方法である（【図5】参照）。付せん紙1枚につき1つの意見を書くこと、枚数制限をするか否かはテーマ次第であること、太めのサインペンを使って意見を書き、貼り出した際に全員で付せん紙に書かれた意見を確認できるようにすることなど、付せん紙法の実践に当たっては、もう少し細かなルールが設定される。付せん紙法は、評議のIT化が実現されていない現状では、最も安価で効率的な評議のツールといえるかもしれない。

　イ　付せん紙法のメリット

　ファシリテーションのツールとして、評議では、ほぼ一貫して付せん紙法を採用してきたが、それは、付せん紙法には、次に述べるメリットがあるからである。

① 参加者の意見表明の同時性・平等性・匿名性・客観性の確保

　付せん紙法によれば、裁判員と裁判官の意見表明の同時性・平等性・匿名性・客観性を確保できる。

　評議時間が長ければ長いほど良い評議になるわけではない。付せん紙法に

127

よらずに一人一人順番に意見を述べてもらう場合、単純に時間がかかるだけ
でなく、意見を述べる時間に不平等が生じるリスクがある。また、発言の順
番も無視できないものがあり、最初の発言者と最後の発言者では、心の準備
や意見を検討するためのシンキングタイム（thinking time）に大きな差が生
じるし、例えば、自分の前に述べた発言と反対の意見は言いにくいなど、前
者の意見の影響が及ぶこともある。さらに、できるだけ裁判員に意見を述べ
てもらおうとして、裁判官が自ら発言を差し控えたり、司会者の権限で裁判
官の発言を禁止する例もあるようだが、裁判員からは、なぜ裁判官は先に意
見を述べなくてもよいという「特権」が与えられるのか不満を述べられるこ
ともある。

　しかし、付せん紙法によって、平等なシンキングタイムを共有した後に、
各自の意見を付せんで張り出せば、発言回数や発言時間が誰かに偏ることは
なく、参加者の意見表明の同時性・平等性を確保することができる。また、
無記名なので、意見の匿名性が確保され、恥ずかしさを気にせずに意見を出
すことができ、意見の変更（いわゆる「乗り降り自由」）をしやすい環境を
用意することができ、裁判官の不当な影響という問題も生じない。さらに、
意見を述べた人の人格と意見の内容を切り離すことができるので、誰が述べ
たかという発言者の影響を排除して、どんな意見かという意見の内容を客観
的に検討することができる（属人思考の排除）。

② チーム全体の意見の一覧性

　付せん紙法によれば、チーム全体の意見の分布を一目で共有することがで
きる。

　付せん紙法によらずに意見を述べてもらう場合、評議の経過を正確に記録
しない限り、チーム全体の意見の分布を把握することが難しい。単に賛成、
反対だけを聞くことは簡単だが、中間的な意見や条件付きの意見がある場合
もある。話し合いの途中で中間的な意見が出た場合、最初の発言者に戻って
中間的な意見についての意見を求める必要も生じる。

　しかし、付せん紙法によって貼り出された意見を、例えば同じ内容ごとに
整理するだけで、意見の分布がホワイトボード上に明らかになり、評議のテ

ーマに対するチーム全体の評価や多面的な視点を一覧で共有することができる。裁判員も、他の人の意見や考え方を同時に知ることができることを付せん紙法のメリットとして挙げている。

③ 評議・審理への主体的参加と協力

付せん紙法によれば、評議・審理への主体的参加と協力を得ることができる。

もし司会者が指名したものに発言者が限られてしまうと、参加者の意見の表明は受動的になる。司会者に当てられるのを待つという状況に嫌な気持ちになる人も少なくない。もちろん自ら活発に意見を述べる参加者もいるが、そうすると、意見を述べない参加者との間で格差が生じてしまうというリスクがある。

しかし、付せん紙法によれば、能動的、積極的活動による評議への主体的参加と協力を促すことができる。自ら考えた意見を自らホワイトボードに張り出すという行為は、受動的に指名されて発言することに比べればはるかに楽しい作業であり、脳の働きも活性化する。能動的、積極的活動は、参加者意識の醸成にも役立つ。また、後に述べるように、公判審理中に、付せん紙法で意見や質問を整理する方法は、参加者に対し、公判審理への主体的な参加と協力も促すことができる。

④ 評議の質、量、効率性の確保

評議の質を客観的に評価することは難しいが、活発な意見交換によって多様な視点が提供された評議の質が高いことは異論がないと思われる。

付せん紙法のメリットの一つは、自分が意見を述べる前に、付せん紙に書くというシンキングタイムを、参加者全員が平等に確保できることである。これによって、自らの意見を落ち着いて振り返ることができ、不意に指名された場合にありがちな思いつきの発言も減らすことができる。また、付せん紙法によって各自の意見を一斉に張り出すという方法は、人前で発言することが苦手な人でも自分の意見を出しやすく、他の参加者に左右されずに自分の意見を表明できるというメリットがある。これらは、多くの裁判員から付せん紙法のメリットとして評価されている点である。さらに、意見の量は、

意見の質を担保しているともいえ、付せん紙法によれば、多様な意見を効率的に集約することができる。

⑤ 評議の記録機能と明確な議事進行

　評議の経過と結果を視覚的に記録することは、明確な議事進行、すなわち、評議の経過についての議論を共有し、議論の蒸し返しを防ぐ上でも重要である。問題は、評議の記録を誰がどのように行うかという点である。

　裁判員制度施行時から、すべての評議室にホワイトボードと大型モニターが備え付けられている。そこで、多くの裁判体では、書記役（ほとんどの場合、裁判官が担当する）が、ホワイトボードに意見を書き出したり、パソコンの画面を大型モニターに表示して、参加者の意見をパソコン入力する方法がとられている。これらの方法も有用だが、意見の書き漏れ・入力漏れのリスクがあり、意見が記載されなかった参加者から自分の意見を無視されたという誤解を招くおそれもある。

　しかし、付せん紙法によれば、これらの方法を併用しつつ、評議の記録と明確な議事進行が可能になり、書記役の裁判官も、評議の記録化に煩わされることなく、評議に参加できる。また、証言等の証拠の重要な部分を付せん紙法で整理すれば、評議の基礎となる情報を、操作が可能なかたちで外部に表現し（外在化）、他者にも利用可能な状態にすること（共有）ができ、証拠を詳細にメモしている者だけが評議をリードするという事態を防ぎ、全ての参加者が評議に参加できるようになる。さらに、付せん紙法によって模造紙上で意見を並べ替えて、パソコンで清書すれば、評議中に判決書の草稿を作成することができ、判決作成過程の「見える化」と効率化も実現できる。

⑥ アイスブレイク

　Ａ アイスブレイクの必要性

　裁判員にとって、裁判所は、「ホーム」ではなく「アウェー」、つまり、不慣れな場所である上、裁判員裁判では、犯罪や刑罰という社会的にネガティブな話題を評議の対象とせざるを得ない。しかし、「裁判員の参加する合議体」というひとつの「チーム」を作るためには、審理や評議が始まる前までに、裁判員の余計な緊張を解き、自由で活発な議論ができるような雰囲気を

つくっておかねばならない。そこで、ファシリテーションの一環として、アイスブレイク（コミュニケーションの基礎を作るために緊張を解きほぐす方法）が必要になる。

アイスブレイクは、選任手続における接遇^{せつぐう}（おもてなし）から始まっており、選任手続直後の法廷案内等もそのひとつである。頭の体操や体を使ったゲームなどさまざまなアイスブレイクを実践しているが、各裁判体においてもいろいろな工夫がなされていると思われる。

もともと付せん紙法は、初めて顔を会わせる人々の間で自分の意見を表明するという緊張性の高い作業を緩和するという点で、裁判員の評議に伴うストレスを軽減する機能を有しており、その採用だけでアイスブレイクになっているが、次に紹介するように、アイスブレイクのツールとしても非常に応用範囲が広い。

B　付せん紙法を利用したアイスブレイクの実践例

例えば、前橋地裁において「群馬県のよいところ」などをテーマに付せん紙で意見を出して話し合うと、話が弾んでアイスブレイクになるだけでなく、付せん紙法の練習にもなる。また、従前よく行っていたのは、例えば、強盗致傷罪で量刑だけが問題となる事案において、「イメージマップ」と称して、「強盗」というテーマで参加者全員がイメージする言葉を付せん紙で出し合い、いろいろな強盗のイメージ（コンビニ強盗、銀行強盗、ナイフ、マスク、貧困等）を皆で共有し、犯罪に対する「非日常性」を緩和しつつ、「社会的類型」の把握や量刑事情の抽出といった量刑評議の予習につなげる方法である。

さらに、付せん紙法を使用したアイスブレイクの方法で、数年前から欠かさずに行うようになったのは、付せん紙法による「エクスプレッシブ・ライティング」である。

裁判員が抱えている不安やストレスは、人によってさまざまであり、また、事件によっても異なるから、いくら時間を割いても、目の前の裁判員の現実の不安を把握することは難しい。そこで、付せん紙法の練習も兼ねて、できるだけ早い段階で、現在不安に思っていることを付せん紙に匿名で全員に記

入してもらい、模造紙に張り出し、チーム全員で不安要素を共有することにしている。これによって、例えば、法律の知識や証拠の理解に不安を感じている人だけでなく、健康に不安を感じている人やお子さんの送迎の関係で帰宅時間を気にしている人がいることもわかり、その後の審理や評議の進め方の参考になっている。しかも、不安を紙に書き出すことは不安解消の心理的効果があり、さらに、その不安を全員で共有することによって、不安解消の効果を更に高めることができる。なお、こうして「不安」の付せんが張られた模造紙は、判決後のクールダウンの際にもう一度持ち出して、各自の不安が解消されたか否かを振り返ることにしている。

　ウ　公判手続における付せん紙法の実践

① 冒頭手続から書証・物証の取調べまで

　最初に、遅くとも審理が始まる前までに裁判員の職務のゴールを確認している。すなわち、審理初日の冒頭手続が始まるまでの間に、ゴールとして私たちが判断すること（被告人は有罪か無罪か、有罪だとすれば、どのような刑にすべきか）を確認し、そのゴールに至るまでの刑事裁判の基本的な流れと審理予定等をパワーポイントや審理予定表を利用して説明している。また、起訴状の公訴事実が理解できる程度に、問題となっている犯罪の構成要件等についても、パワーポイントを利用して簡潔に説明している。そして、審理が始まれば、冒頭手続から冒頭陳述・公判前整理手続の結果陳述までは一気_{いっき}に進むが、証拠調べの前に一旦_{いったん}休憩を取るようにしている。これは、本件の争点や審理のポイントを理解できたかどうか全員で確認するためと、証拠裁判主義の観点から、判断の材料となる証拠は休憩後に調べられるものからであり、冒頭陳述の内容は証拠にならないことを注意喚起するためである。そして、争点が複雑な事件では、この休憩のタイミングで、争点や審理のポイントを付せん紙法を用いて確認している。

　書証や物証の取調べが終わった後は、付せん紙法を利用して、犯罪事実や争点を判断する上でのポイントなると考えた事実を、模造紙に張り出して、証拠調べの復習をしている。

② 証人尋問・被告人質問

　さらに、証人尋問や被告人質問（以下「尋問等」という）がその後に予定されている場合は、付せん紙法を利用して、争点や審理のポイントに関連して証人や被告人に聞きたいことを模造紙に張り出して整理し、証拠調べの予習をしている。

　証人尋問等のある期日では、審理の前に証人や被告人に聞きたいことを付せん紙法で確認した後、検察官や弁護人が裁判所の疑問を解消してくれるような主尋問・反対尋問等を行ってくれるかどうかという観点から、尋問等に臨んでいる。なお、裁判員がメモ取りに集中して法廷での心証形成が困難になってしまわないように、証人尋問等は録画・録音されて評議の際に確認できることも説明している。

　また、直接証拠型の証拠構造の事件では、証人尋問の前に、どのような場合に証言や供述が信用できるのか、またはできないのかという点を、付せん紙法を利用して整理し、国民の視点や感覚と法曹の専門性を交流させた「チームとしての信用性判断基準」を共有したうえで、尋問等に臨んでいる。そして、例えば、「チームとしての信用性判断基準」の中に、他の証拠との一致や矛盾という基準があれば、付せん紙法を利用して、客観的な事実を時系列で整理したり、証言対照表を作成して、尋問等に備えることになる。

　当事者の尋問等が終わった後は、休廷時間を利用して、残った疑問点に加え、当事者の尋問等を聞いて更に疑問に思ったことを付せん紙を使って模造紙に張り出してもらい、その付せん紙をとりまとめ、裁判員に質問したい付せんを選んでもらったうえで、法廷で裁判員にも補充尋問等をしてもらっている。

　補充尋問等が終わった後は、付せん紙法を利用して、尋問等から認定できると思う重要な事実を模造紙に張り出して整理し、証拠調べの復習をしている。

　このように、付せん紙法は、尋問等の予習・復習やとりまとめに有効であり、時間の節約にも役立っている。

③ 論告・弁論

　事実関係に争いがなく、量刑のみが問題となっている事件では、論告・弁

論の前に、量刑の基本的な考え方を導入的に説明した上で、「量刑アンケート」と称して、付せん紙法を利用して、主文についての投票を行っている。これは、「検察官や弁護人といった法律のプロの意見に左右されずに自分の量刑意見を出したかった」という裁判員の意見を採用したものであるが、評決のイメージをつかんでもらうことや、量刑意見の書き方が分からないなどの評決の際にも起こりがちなトラブル防止にも役立っている。

エ　事実認定評議における付せん紙法の実践

付せん紙法は、事実関係に争いがある事件において裁判員に特に好評だった。

（ア）直接証拠型

直接証拠型の事件では、まず、証人（被害者、目撃者、共犯者等）の証言内容（本件の争点や審理のポイントに関して証人はどのようなことを言っていたか）を付せん紙法で時系列的に整理する。証人多数の事件では、各証人の証言を付せん紙法で整理し、模造紙上に証言対照表を作成して、各証言が一致する部分や一致しない部分を明らかにすることができる。次に、「チームとしての信用性判断基準」に基づいて、その証言内容の信用性を判断する。最後に、被告人の供述内容についても同様に付せん紙法を利用して評議し、最終的な統合評価を行うことになる。

（イ）間接事実積み重ね型

間接事実積み重ね型の事件では、付せん紙法を利用して、まず、積極的間接事実の整理と確認を行い、続いて、消極的間接事実の整理と確認、被告人の供述内容の確認と信用性の評価を行い、最後に、統合評価を行っている。

オ　量刑評議における付せん紙法の実践

量刑評議における付せん紙法は、各人の評価・価値判断を外在化・共有し、具体的な刑の決定につなげるための方法である。具体的には、量刑要素の抽出と重み付けに使用し、量刑データベースから判明する過去の事例と当該事案との比較対象にも有意義である。

量刑評議では、まず、量刑を考える順序と評議の流れ（【図6】）について説明し、参加者がどんな意見をどの段階で述べればいいのかを明らかにして

【図6】量刑を考える順序と評議の流れ

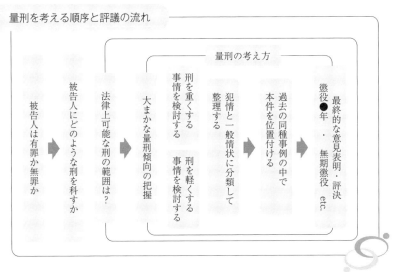

量刑を考える順序と評議の流れ

量刑の考え方

被告人は有罪か無罪か → 被告人にどのような刑を科すか → 法律上可能な刑の範囲は？ → 大まかな量刑傾向の把握 → 刑を重くする事情を検討する／刑を軽くする事情を検討する → 犯情と一般情状に分類して整理する → 過去の同種事例の中で本件を位置付ける → 懲役●年・無期懲役　etc. → 最終的な意見表明・評決

裁判員制度

いる。

　量刑評議は、【図6】の順序に従い、後述する評議のサイクルに従って、犯罪事実の認定（おさらい）、量刑の考え方、刑を決める手順や法令適用、評決方法、処遇の実情などの説明事項を適宜織り込みながら、論告・弁論の内容を確認する。その後、刑を重くする事情（【図5】参照）、軽くする事情を付せん紙法でとりまとめて、段階的・分析的に話し合いを進める。そして、量刑判断の事情を共有した後に、量刑の考え方に沿って、犯情と一般情状の区分けを口頭で議論しながら整理する。その際、量刑データベースの確認や口頭による議論の補充を行うことになる。

（3）四相の言葉の使い分けと評議のサイクル

　評議の進行役（裁判長に限られない）は、議論を容易にするファシリテーターの役割を求められる。付せん紙法も、ファシリテーションの一環だが、それのみで評議が完結するものではなく、口頭による議論も併用されること

が予定されている。ここでは、口頭による議論の基本ツールとして、「四相（よんそう）」の言葉の使い分けと「評議のサイクル」を紹介する。

　ア「四相」の言葉の使い分け

　四相の言葉とは、進行役が、評議のどこで、何を、どのように言えばいいのかについての分類であり、①宣言（決めることと決まったことの宣言）、②整理（話題提示、展開、確認、収れん）、③解説（法律概念や法律についての説明）、④陳述（個人としての意見や判断を述べること）に分けることができる。訴訟に「訴訟指揮」があるように、評議にも「評議指揮」があり、四相の言葉を適切に使い分けることで、進行役は、議論の後戻りを防ぎ、参加者の発言を整理しながら進行し、進行役の「教師」化を防ぎつつ、自分の意見を述べることができる。

　①の宣言は、話し合いの段取りとして、これから決めることや既に決まったことを宣言して、議論の始まりや終わりを示すことである。例えば、「本件では、殺意の有無が争点となっていますので、最初に殺意を認める方向に働く事情について検討したいと思います」という発言である。

　②の整理は、ある議論が話題の提示か、展開か、確認か、収れんかを明示することである。例えば、「みなさんの中には、被告人が被害者を刺した状況について、被害者の証言どおりに考えている人と被告人の供述どおりに考えている人がいるようですね」（話題の提示と確認）という発言である。

　③の解説は、法律概念や法律について知識を提供して、説明することである。例えば、「刑事裁判のルールについて改めて確認します。刑事裁判では、不確かなことで刑罰を科すことは許されません」という発言である。

　④の陳述は、個人としての意見や判断を述べることである。例えば、「これは私の個人的な意見ですが、被害者の証言には客観的な証拠と矛盾する部分があるように思います」という発言である。

　①の宣言と②の整理は、いかなる会議でも重要だが、裁判員裁判の評議では、③の解説と④の陳述の区別が特に重要である。なぜなら、裁判員法は、法令の解釈に係る判断は裁判官の専権としつつ、裁判官には、裁判員に対する必要な法令の説明義務を明記しているが（6条2項1号、66条3項、5項。

【図7】評議のサイクル

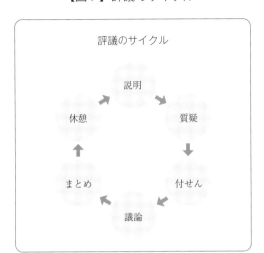

以下「説明事項」という）、他方で、事実の認定、法令の適用及び刑の量定
は、構成裁判官および裁判員の合議による（6条1項。以下「協働事項」と
いう）と規定しているからである。説明事項と協働事項を区別して評議を行
うことは、裁判員と裁判官との実質的協働を図るために必要不可欠であり、
裁判官は、評議において、四相の言葉を用いて、説明事項と協働事項を区別
すべきであり、特に協働事項に関しては、③の説明ではなく、④の陳述であ
ることを明示して、意見を表明すべきであろう。

　イ　評議のサイクル

　四相の言葉の使い分けや、説明事項と協働事項の区別を実践するための方
策が、「評議のサイクル」（【図7】）である。

　評議は、話題の難易度、脳の疲労や集中力の持続等を考慮して、50分間か
ら90分間に一度、休憩を入れているが、評議のサイクルは、その50分から90
分間の1単位の時間の使い方である。すなわち、1単位が説明ばかりになっ
たり、議論ばかりになると、評議自体が不活発になり、説明事項と協働事項
の区別もあいまいになる。そこで、評議の1単位を、①説明 → ②説明に対

する質疑応答 → ③付せん紙による意見表明 → ④口頭による議論→ ⑤まとめ → ⑥休憩というサイクルになるように分け、それぞれ10分から15分程度に割り振るのである。次の１サイクルでは、前のサイクルでまとまったこと（例えば、刑を重くする事情のまとめ）を宣言して、新たな話題（例えば、刑を軽くする事情）について評議を始める。

　評議では、刑事裁判のルールに始まり、法律概念、量刑の考え方、刑を決める手順と法令の適用、評決方法、処遇の実情など説明事項が多岐にわたっている。これらをまとめて説明してしまうと、評議全体が、まるで「教師役」の裁判官の講義を「生徒役」の裁判員が聞くような雰囲気になってしまう。そのような事態を避けるため、公判審理前から説明事項を項目ごとに細分化し、評議のサイクルの各説明の中に割り当てていくのである。

（４）裁判員の呼称 ─ 芸名をつけよう！

　裁判員は、法廷では、プライバシー保護のために番号で呼ばれる。しかし、評議室内での裁判員の呼称をどうするかについては、裁判体によっていろいろな方法が採用されている。

　裁判体によっては、公務の重大性を考慮し、裁判員全員の了解を前提に、本名で呼び合うという裁判体もあるが、裁判員の本名も守秘義務の範囲に含まれるから、守秘義務違反のリスクは高まることになる。他方、裁判員のプライバシー保護を徹底して、裁判員の番号で呼び合うという裁判体もあるが、人を番号で呼ぶこと自体、非人間的という指摘もあり、名前で呼ばれる裁判官との格差も無視できない。また、ほとんどの裁判体は自己紹介を行っていると思われるが、匿名性を前提とした番号では自己紹介もやりにくい。そこで、自己紹介とアイスブレイクも兼ねて、評議では、番号ではなく、各自が好きな名前（芸名・ニックネーム。もちろん本名でもよい）をつけてその名前で呼び合うことにし（アノニマス・ネーム方式）、A4サイズの白紙を四つ折りしてクリップで止めただけの即席のネームプレートを使用して、お互いに名前を呼び合えるようにしている。

　なお、評議中の裁判官の呼称については、評議における不当な影響力を排除し、また、四相の言葉の使い分けを徹底するため、「部長」はもちろん、

「裁判長」「裁判官」という呼称を禁止している。裁判官も、芸名を名乗ることは可能だが、実際には名前（「さん」付け）で呼ぶことが多い。

刑事裁判への国民参加の意義と展望 ─裁判員制度は社会を変える

平成21年5月に施行された裁判員制度は、司法の国民的基盤の強化を目的とするものであるが、施行10周年を迎え、その目的以上の影響を社会に与えていると思われる。

1　主権者意識の目覚め＝民主主義的基盤の強化

まず、裁判員制度の導入によって、国民が刑事司法とダイレクトにつながり、裁判員は、国家刑罰権の行使の可否やその程度といった場面に直面して、自らが主権者、つまり、権力主体であるという自覚を今まで以上に持つようになった。

裁判員の職務は、被告人は有罪か無罪か、有罪だとすれば、どのような刑にすべきかを判断することだが、有罪か否かの判断は、目の前の被告人に対して国家刑罰権を行使するか否かという判断であり、量刑に関する判断は、目の前の被告人に対して国家刑罰権をどの程度行使するかという判断である。しかも、その比重は、裁判員6人と裁判官3人を合わせた9人の中の一人、つまり、9分の1である。これに対し、最もオーソドックスな民主主義的制度である選挙権の行使は、候補者という人物への投票であるから、ダイレクトに主権者としての権力の行使を意識させるものではなく、その比重も何千の1または何万分の1というものである。選挙権を行使することと裁判員になることとでは、権力主体としての自覚に大きな違いがある。

また、刑事分野に限定されるものの、裁判員は、刑事裁判への参加を通じて、立法（法律）や行政（捜査、刑の執行）に高い関心を持つことになる。裁判員は、その職務を通じて、「法律」が「事件」を裁くという「法の支配の原理」や法律による行政の原理（法治国家）を実感できる。

「裁判や刑事手続がよく分かった」というのは非常によくみられる裁判員

139

の感想であるが、その内実は、単に刑事手続の流れを知ったことにとどまるものではなく、自らが権力主体であるという自覚を伴うものであることに留意する必要がある。このような主権者意識の目覚めは、民主主義的基盤の強化に資するものといえる。

2　憲法に対する理解の深まり＝自由主義的基盤の強化

次に、裁判員は、その経験を通じて、憲法を身近に感じるようになった。

刑事訴訟法は実践的憲法とも呼ばれるが、刑事手続への参加は、刑事裁判のルール、黙秘権、弁護人選任権、公平な裁判所など、見て聞いて分かる憲法そのものである。憲法は「権力者」から「国民」の権利や自由を守るためのもの（法の支配の原理）であることや、適正手続（デュープロセス）の思想も、具体的、現実的に理解することができる。

裁判員の感想でも、「憲法について考えるようになった」というものが見られるが、このような憲法に対する理解の深まりは、自由主義的基盤の強化に資するものといえる。

3　社会に対する関心の高まり＝社会を支える基盤の強化

さらに、裁判員制度は重大な刑事事件を対象としているが、裁判員にとって、担当している事件は、「非日常的」な事柄であり、「他人事（ひとごと）」でもある。しかし、裁判員として、そのような「非日常的」な「他人事」に関心を持つ経験は、社会全体に対する関心を呼び起こし、犯罪のない社会の実現や被告人の更生を考える契機となっている。

実際、裁判員の中には、裁判員を経験した後に刑務所見学に行くようになった人もいるし、マスコミで報道される事件や裁判に対する見方が変わったという人も多い。このような裁判員の経験を通じた社会に対する関心の高まりは、公共の精神を育み、社会を支える基盤を強化するものといえる。

▌おわりに ―今後の課題

本稿では、評議こそが国民参加の核心であるという観点から、評議を中心

に裁判員制度10年目の実践について述べた。しかし、実際の評議の場面では、評議の進め方だけでは解決できない問題がある。それは、「事件の壁」、公判審理の問題である。

　裁判員法51条は、「裁判官、検察官及び弁護人は、裁判員の負担が過重なものとならないようにしつつ、裁判員がその職責を十分に果たすことができるよう、審理を迅速で分かりやすいものとすることに努めなければならない。」と規定している。本稿の冒頭で、「公判審理は裁判員を説得する場面である」と述べたが、実際のところ、評議の時間の多くが、検察官や弁護人の訴訟活動を理解するために費やされてしまうという現実があり、裁判員を説得できるような審理の実現には多くの課題がある。

　例えば、書証の情報量が多く、物語式の供述調書や証拠の要点をまとめたはずの統合捜査報告書を朗読されても、音読している本人はよく理解できるのかもしれないが、聞いている側は朗読された内容をそのまま暗記できるわけではなく、３ページを越えればポイントもわからなくなる。比較的理解しやすい写真や証拠物も、要証事実と関連性が乏しいものが含まれれば、何に着目してみればよいのかわからなくなる。証人尋問や被告人質問も、時間をかければかけるほど裁判所を説得できるという誤解が根強いが、プレゼンテーション同様、長時間になればなるほど、聞いている側を疲弊させ、説得力も乏しくなるだけである。打合せをしているはずなのに、専門家証人に専門用語を濫発させる証人尋問もある。論告・弁論直後又は評議の序盤で、裁判員から、「検察官や弁護人のやっていることが理解できないので、検察官や弁護人に対する質問タイムを設けてほしい。」と言われたことも一度や二度ではない。

　たしかに、裁判員制度導入前の刑事裁判を知る立場からすると、制度施行10年にわたる検察官や弁護人の法廷技術の進歩は目覚ましいものがある。しかし、司法に対する国民の期待は、そのような成果をはるかに上回っているのも事実である。公判審理を理解するというのは評議の大前提であって、裁判員法51条を遵守し、「事件の壁」に扉を取り付け、見て聞いて分かる審理を実現するためには、一層の意識改革と努力が必要と思われる。司法に対す

る国民の理解と協力を得るためには、評議に対する満足度だけでなく、公判審理に対する理解度も上げなければならない。

【参考文献】

飯考行・裁判員ラウンジ編著『あなたも明日は裁判員!?』日本評論社（2019年）

池田修・合田悦三・安東章『解説裁判員法［第3版］』弘文堂（2016年）

大谷吉史「評議と評決の在り方」『裁判員裁判時代の刑事裁判』成文堂（2015年）

大西直樹「評議」『刑事手続の新展開（下）』成文堂（2017年）

國井恒志「裁判員裁判における評議の現状と課題」『シリーズ刑事司法を考える第5巻』岩波書店（2017年）

合田悦三「裁判員裁判制度10年という節目に思うこと」警察學論集72巻6号1頁（2019年）

裁判員裁判とコミュニケーション研究会「小特集・裁判員制度における評議デザイン論の展開①〜③」法曹時報81巻8号〜10号（2008年）

裁判員裁判とコミュニケーション研究会「裁判員裁判における評議の進め方（上）（中）（下）」判例時報2050号、2052号、2053号（2009年）

司法研修所編「裁判員裁判と裁判官――裁判員との実質的な協働の実施をめざして――」法曹会（2019年）

三島聡編『裁判員裁判の評議デザイン』日本評論社（2015年）

村山浩昭「裁判員裁判と評議」『植村立郎判事退官記念論文集3巻』立花書房（2011年）

守屋克彦「裁判員裁判と評議」『宮本康昭先生古稀記念論文集市民の司法をめざして』日本評論社（2006年）

特集「裁判員制度のもとでの評議」季刊刑事弁護52号16頁以下（2007年）

2　裁判員制度10年の分析

「疑わしきは被告の利益に」が徹底
— 長時間費やす量刑評議、厳罰化を抑制か

竹田昌弘（共同通信編集委員）

　裁判員裁判は裁判官だけの裁判（裁判官裁判）とどこが違うのか。また裁判員制度の開始から10年でどのように変化してきたか。「対象事件の起訴」「有罪率」「量刑」「公判・評議」「裁判員の選任」の順に考察していく。データやアンケート結果で、ソースの記載がないものは最高裁の集計による。

■ 慎重に起訴、「罪名落ち」「嫌疑不十分」多く

　制度が2009年5月にスタートし、裁判員裁判の対象となる最高刑が死刑または無期懲役の罪や故意の犯罪行為により被害者を死亡させた罪で起訴された被告は2019年5月末現在で1万4145人。罪名別では、①強盗致傷3291人（23.3％）、②殺人3099人（21.9％）、③現住建造物等放火1398人（9.9％）、④傷害致死1215人（8.6％）、⑤覚醒剤取締法違反1156人（8.2％）の順となっている（⑤は営利目的の輸出入または製造、②③⑤は未遂含む）。

　対象事件の起訴について、最高検は2009年2月に公表した「裁判員裁判における検察の基本方針」で「従来と同様に、検察官は、的確な証拠によって有罪判決が得られる高度の見込みがある場合、すなわち公判廷において合理的な疑いを超える立証をすることができると判断した場合に限り、適正な訴追裁量の上で、公訴を提起する」としていたが、実際は起訴の判断が従来とは明らかに異なるケースが相次いだ。

　制度開始3か月後の2009年8月、秋田市のマンションで同居男性の腹部を刃渡り22センチの牛刀で刺したとして、自営業の女性が殺人未遂の疑いで逮捕、送検された。傷は内臓まで達し、女性は殺意を認めた。しかし、起訴は傷害罪に「罪名落ち」し、秋田地検は救急車が着くまでの間、さらに刺して

いないことなどから、殺意が立証できないと説明した（朝日新聞秋田県版の記事による）。2010年に富山市のビル焼け跡から夫婦の遺体が見つかった事件では、富山県警が2012年12月、県警警部補（後に懲戒免職）の男性を殺人などの疑いで逮捕、送検し、警部補は自白したが、富山地検は嫌疑不十分で不起訴処分とした。遺体の状況や現場周辺の防犯カメラ映像といった客観的な証拠と、自白の内容が食い違うことなどが不起訴の理由だった（共同通信配信記事による）。

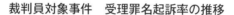

裁判員対象事件　受理罪名起訴率の推移

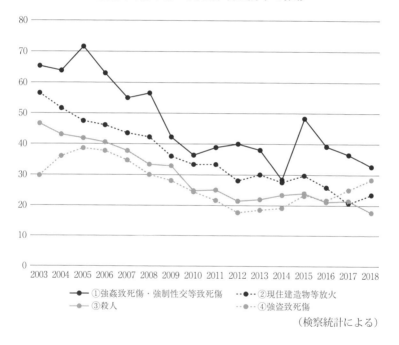

（検察統計による）

　刑事弁護を多く手掛ける弁護士によると、2004年5月の裁判員法成立前後から、検察は起訴に慎重となり、罪名落ちや、嫌疑不十分などによる不起訴処分が多くなったという。そこで検察統計を使い、検察官が殺人（未遂含む）の疑いで警察などから受理した事件のうち、容疑者を殺人（同）の罪で起訴した割合（受理罪名起訴率と呼ぶ）を計算してみると、裁判員法成立前

の2003年は46.6％だったが、年々下がり、制度初年の2009年は32.9％に。さらにダウンし、2012年は21.3％となった。その後少しアップしたが、2016年に再び下がって21.0％、2017年21.3％、2018年は17.3％にとどまった。受理罪名起訴率は現住建造物等放火罪（未遂含む）もほぼ同様に推移し、強盗致傷罪と強制性交等致死傷罪（2017年7月まで強姦致死傷罪）は多少アップダウンがあるものの、裁判員法成立前後よりやはり低下している。

　検察幹部は「従来の『的確な証拠によって有罪判決が得られる高度の見込みがある場合』という起訴基準は、裁判所が有罪かどうか迷う事件は起訴しないということであり、裁判員が加わった裁判所の証拠評価や心証（事実の有無に関する内心の判断）を想定し、これまでと同様、裁判所が判断に迷う事件は起訴しない。起訴する場合は、有罪判決が得られる罪名になる」と解説する。「迷い」は裁判員の方が大きいとみて慎重に起訴しているということのようだ。裁判官裁判では、検察の起訴基準を熟知する裁判官の「起訴してきたからには有罪」といった予断や法曹間の「あうんの呼吸」に頼る起訴もあったことをうかがわせる。裁判員制度には、こうした起訴を少なくする効果があったといえよう。

■ 思い込みやバイアスに気付く裁判官、有罪率98％前後に

　裁判員裁判の有罪率（有罪／有罪＋無罪）は、起訴内容を全て認めた自白事件が大半の2009年100％、2010年99.9％だったが、起訴内容を争い、公判前整理手続に時間がかかる否認事件の審理が本格化した2011年以降、2016年までは98.9％から99.4％で推移した。被告の過半数（53.5％）が否認事件となった2017年の有罪率は97.9％まで下がり、否認事件が51.7％の18年は98.1％となっている。制度開始から2018年までの通算有罪率は99.1％。これに対し、裁判官裁判だった2006年から2008年の裁判員裁判対象事件の有罪率は99.4％と高く、裁判員裁判では、検察が慎重に起訴しても無罪判決が多い。

　制度開始から2018年までの間に裁判員裁判で無罪となった99件（人）のうち、時期や理由などが異なる、①覚醒剤取締法違反（営利目的の輸入）の千

裁判員裁判有罪率の推移

年	有罪	無罪	有罪率
2009	142	0	100.0%
2010	1504	2	99.9%
2011	1514	10	99.3%
2012	1488	9	99.4%
2013	1374	12	99.1%
2014	1195	7	99.4%
2015	1171	8	99.3%
2016	1090	12	98.9%
2017	944	20	97.9%
2018	1007	19	98.1%
計	11429	99	99.1%
裁判官裁判の裁判員対象事件（2006〜08）	7243	44	99.4%

（最高裁調べ）

葉地裁判決（2010年6月22日）、②夫婦が殺害された強盗殺人の鹿児島地裁判決（2010年12月10日）、③組織犯罪処罰法違反（組織的殺人）の神戸地裁判決（2012年2月10日）、④同居女性絞殺の京都地裁判決（2015年2月20日）、⑤生後3カ月女児傷害致死の東京地裁判決（2017年2月13日）の5件を考察する。

　①の公判で、検察側は覚醒剤が入ったチョコレート缶の不自然な重さや報酬の約束、税関での慌てた様子などの状況証拠（犯罪事実を間接的にうかがわせる証拠）から、被告は缶の中に覚醒剤が隠してあることを知っていたと主張した。しかし、判決では、他の缶と重さを比較する機会がなかったことや、約束の報酬は同時に持ち込んだ偽造旅券の対価だった可能性があること、動揺の表れ方は人によって違うことなどを指摘し「（覚醒剤の存在を）間違いなく知っていたとは認められない」と判断した。②は自白や犯罪行為の目撃証言といった直接証拠はなく、検察側は現場から被告の指紋やDNA型が採取されたなどの状況証拠で立証し、死刑を求刑したのに対し、地裁は100

146

回以上振り回した凶器のスコップに被告の痕跡がなく、現場の大きな足跡は小柄な被告にそぐわないなどと矛盾を突いた。

　③の被告は指定暴力団山口組2次団体（事件当時）の山健組幹部で、配下組員らに同組系の組長殺害を指示したとして起訴された。地裁は検察側が指示の証拠とする関係者供述は変遷していて信用できないとし「暴力団組織では上位者の指示なく、組長を殺害することは許されない」との主張も「一般論」として退けた。④は再現実験の結果などから「被害者が自殺した可能性を排除できない」と認定された。⑤も女児の首が圧迫されたかどうかの鑑定結果が分かれたことなどから、地裁は「衰弱死などの可能性を合理的に払拭できない」と判断した。①～⑤は、いずれも有罪と確信できないとして無罪判決が導かれ、「疑わしきは被告の利益に」が徹底されている。

　刑事裁判を職業とする裁判官にとって、被告は「ワン・オブ・ゼム」であり、検察の起訴基準や100％近い従来の有罪率から「起訴してきたからには有罪」といった予断を持ちかねない。元裁判官の三井明さんは「（重大事件は）軽々しく無罪にはできないというように、普通の事件の場合とは違った特別の意識が働く。それが内心の圧力となって、裁判官の証拠に対する判断に影響し、冤罪を生み出すおそれがないとはいえない」と明かしている（1984年発行の判例タイムズ528号「誤判と裁判官」による）。やはり元裁判官の木谷明さんも「裁判長から『日本中が有罪と信じているこの事件（ロス疑惑事件）で、どうして裁判所だけ無罪を言い渡せるのか』と真顔で言われた」と吐露している（2015年発行の判例時報2261号「氷見国家賠償等請求事件判決について」による）。

　これに対し、裁判員にとって被告は「オンリーワン」であり、判決後の記者会見などで「疑わしきは被告の利益でやった」と話す裁判員は多い。予断を持たず、評議では、有罪と確信できなければ無罪の意見を述べているようだ。一方、東京地裁所長代行の伊藤雅人判事は「評議で裁判員の方たちといろいろ議論していると、その過程で職業裁判官特有の思い込みやバイアスに気付かされるということがままあります」と述べている（2019年5月21日の裁判員制度10周年シンポジウムでの発言）。有罪率が裁判官裁判よりも低い

のは、裁判員とそれに影響を受けた裁判官の判断の積み重ねとみられる。

　考察した無罪5件のうち、①の覚醒剤密輸、②の強盗殺人、③の組長殺害は検察側が控訴した（②は被告が亡くなり、裁判打ち切り）。①の被告は東京高裁（裁判官3人）の控訴審で有罪とされ、懲役10年、罰金600万円を宣告されたが、最高裁（裁判官5人）が2012年2月13日の判決で高裁判決を破棄、裁判員裁判の無罪が確定した。最高裁はこの判決で、控訴審は原則として一審の資料に基づき、その当否を審査する「事後審」と確認し、一審の判断を覆すには「事実認定が論理則、経験則等に照らして不合理であることを具体的に示すことが必要」という判断の枠組みを示した。元最高裁刑事局長の白木勇判事が補足意見を付け、高裁は判断手法を改め「裁判員裁判の判断をできる限り尊重すべきだ」と指摘した。

　③の2014年1月16日の控訴審判決では、大阪高裁が「複数の組員らが暴力団の指揮命令系統に従って組織的に犯行を準備、実行した場合、（幹部の）会長や組長は共謀に加わり、その指揮命令に基づいて行われたと推認される」という「経験則」などに基づき、無罪を破棄して山健組幹部に懲役20年を言い渡した。裁判員裁判の「一般論」を「経験則」と判断した大阪高裁判決は最高裁で支持され、確定している。制度開始から2018年までに、高裁が裁判員裁判の無罪判決を破棄したのは10件（自判6、差し戻し4）。逆に裁判員裁判の有罪判決を高裁が破棄、無罪とした事件が17件ある。

■ 最高裁判決で公平性強調、求刑超え翌年ゼロに

　次は量刑について考察する。経験を積んだ刑事裁判官は「同種・同性質・同程度の行為を内容とする事件に対しては、同刑量の刑罰を適用する」（元裁判官の原田國男さん著『量刑判断の実際　第3版』（立花書房）による）と言われるが、量刑判断のプロセスが明らかではなく、最高裁は制度開始に当たり、全国の裁判官に「量刑の基本的な考え方について」と題する文書を配布した。これが裁判員裁判の量刑評議のいわばマニュアルとなった。

　文書では、まず量刑は「犯罪行為にふさわしい刑事責任を明らかにするも

のである」として「行為責任主義」を掲げる。具体的な手順として、①その犯罪がどのようなかたちで行われたか、行為態様、結果、動機、計画性などに着目するよう伝える、②例えば、殺人であれば「口封じ目的で同僚を毒殺」「生活苦から母親が衝動的に乳児の首を素手で絞めて殺害」といった「社会的類型」に当てはめ、類似事件の量刑分布グラフを参考にして「責任の枠」をイメージしてもらう、③被害者側の事情（被害感情、落ち度など）と被告側の事情（年齢、前科、反省など）も考慮して最終的な刑を決めるというやり方を提示している。量刑分布グラフは「拘束されないことを説明する」という注釈付きだった。

　制度2年目の2010年5月19日、さいたま地裁の裁判員裁判で、女子短大生に対する強制わいせつ致傷罪の男性被告に対し、検察側の求刑を1年上回る懲役8年が言い渡された。裁判員裁判で求刑を上回る判決は初めて。被告には同様の罪の前科があり「再犯可能性は非常に高い」と判断された。裁判員は男性5人、女性1人だった。この年は東京地裁立川支部の殺人未遂や福島地裁いわき支部の傷害致死など計5人の判決が求刑を上回った。2011年の求刑を超える判決は東京地裁や静岡地裁沼津支部の強姦致傷、徳島地裁の強制わいせつ致傷など性犯罪が多く、計10人に。沼津支部で裁判員を努めた女性は「これまでの判例は軽いと感じていた。これをきっかけに性犯罪の被害者がなくなってほしい」と語った（朝日新聞静岡県版の記事による）。

　19人もの判決が求刑を上回った2012年で、最も象徴的だったのは、大阪府寝屋川市の自宅で1歳の三女を虐待死させたとして、傷害致死の罪に問われた両親に対し、求刑の1.5倍に当たる懲役15年を宣告した3月21日の大阪地裁判決。判決理由では「被害者の精神的苦痛は筆舌に尽くし難く、無限の可能性が奪われた。虐待は社会問題であり、今まで以上に厳しい刑を科すべきだ」と断罪した。

　こうした被害感情などを重視した厳罰化に対し、最高裁司法研修所が2012年10月に発行した司法研究の報告書「裁判員裁判における量刑評議の在り方について」では、行為責任主義の徹底を求め、量刑検索システムで得られた傾向は「目安として尊重されるべきもの」と位置付けた。当初の「拘束され

ない」からの大転換だった。2013年には、東京高裁が6月20日と10月8日の判決で、東京、千葉両地裁の裁判員裁判で死刑とされた強盗殺人事件の被告2人を無期懲役に。ともに殺害被害者が1人で、計画的な犯行といえないとして、死刑を回避した。さらに最高裁は2014年7月24日、求刑の1.5倍の刑が言い渡された寝屋川虐待死の判決で「裁判員裁判といえども、他の裁判の結果との公平性が保持された適正なものでなければならない」と強調。これまでの傾向を変える意図で量刑を行う場合には「従来の量刑の傾向を前提とすべきではない事情の存在について、裁判体の判断が具体的、説得的に判示されるべきである」との判断の枠組みを明らかにした。被告の父親は求刑通り懲役10年、母親は懲役8年とされた。

　求刑を上回る判決は2013年14人、2014年2人と減り、寝屋川虐待死の最高裁判決翌年の2015年はゼロとなった。あまりにもはっきりとした変化だった。その後、宮崎地裁で懲役25年を求刑された女性殺害・遺体損壊事件の被告が無期懲役（控訴審判決の懲役25年が確定）とされるなど、2016年に4人、2017年3人、2018年1人の判決が求刑を上回ったが、2011年〜2013年の二桁には程遠い。求刑を上回る判決は減ったものの、裁判員へのアンケートでは「結論ありきで進んでいた気がして、市民裁判官の存在は『飾り』だなと思った」（2016年）などの回答がある。平均評議時間は年々長くなり、裁判官が時間をかけて裁判員を説得し「公平」を押し付けているとすれば、裁判員が量刑に関わる意義が大きく損なわれているのではないか。

　制度開始から2018年までの裁判員裁判と、2008年4月〜2012年3月の裁判官裁判の量刑を罪名別に比較すると、殺人の既遂と未遂、現住建造物等放火の既遂、強盗致傷の裁判員裁判は執行猶予の判決が裁判官裁判より多く、殺人の既遂は裁判官裁判の5.0％が8.3％に増えた。親や配偶者の介護疲れなどが情状酌量された事件とみられる。一方、傷害致死と強姦致傷・強制性交致傷（2017年7月以降）の被告に対する最も多い刑は、裁判官裁判がどちらも懲役3年超5年以下なのに対し、裁判員裁判はともに懲役5年超7年以下に厳罰化している。強制わいせつ致傷も同様に裁判員裁判で刑が重くなった。

　裁判員裁判の厳罰化が明らかな例として、オウム真理教の平田信元幹部を

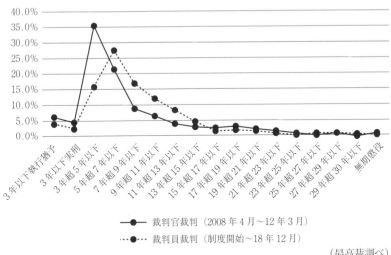

強姦致傷・強制性交致傷の量刑比較

凡例:
——●—— 裁判官裁判（2008年4月～12年3月）
‥‥●‥‥ 裁判員裁判（制度開始～18年12月）

（最高裁調べ）

挙げる。約17年にわたり逃亡していた元幹部は、一連の教団事件の裁判が全て終わった直後の2011年大みそか、警視庁に出頭。1995年2月に起きた公証役場事務長の逮捕監禁、翌月のマンション爆発、教団施設への火炎瓶投げ込みの3事件で起訴され、裁判員裁判の東京地裁は2014年3月7日、懲役9年（求刑懲役12年）を言い渡したが、同じ3事件で起訴され、1998年に裁判官裁判で判決を受けた元信者は懲役6年（求刑懲役10年）だった。

　量刑の最後は死刑判決。共同通信の集計では、死刑は制度開始から2018年までに、検察側が53人に求刑し、支部を含む22地裁で36人（67.9％）に宣告された。殺害被害者1人が4人（求刑8人、50％）、2人は19人（同32人、59.4％）、3人以上は求刑どおり13人全員が死刑とされた。これに対し、1980年～2009年の裁判官裁判で一審死刑判決は求刑346人中193人（55.8％）で、殺害被害者1人が32人（求刑100人、32.0％）、2人は96人（求刑164人、58.5％）、3人以上は65人（求刑82人、79.3％）。裁判員裁判の方が求刑どおり死刑を言い渡す割合が高く、これも厳罰化の現れとみられる。

　裁判員裁判で死刑、控訴審では無期懲役となった被告は、2018年までに計

　5人。2013年に東京高裁が減軽した東京・南青山の強盗殺人と千葉の女子大生強盗殺人のほか、神戸小1女児誘拐殺人も殺害被害者1人で、計画的ではないとして減軽された。長野一家3人殺害で死刑とされた3人のうち1人は「関与が従属的」として、2人が亡くなった大阪・ミナミ通り魔殺人の被告は「精神障害の影響を否定できない」として、東京・大阪両高裁はそれぞれ無期懲役を選択した。検察側は5件とも上告したが、すべて最高裁で無期懲役が確定した。

■ 評議平均13時間に、公判は9〜11時間

　裁判官裁判では、法廷外で供述調書などの書面を読み込み、事実関係を細部まで判決で認定し「精密司法」や「調書裁判」と評されてきた。しかし、裁判員にこうしたやり方は想定できず、制度導入を提言した政府の司法制度改革審議会は、法廷で証拠や証人を直接調べて評価し、当事者が口頭で主張する内容に基づいて判断する「直接主義・口頭主義」の裁判にするよう求めた。最高裁は「見て聞いて分かる審理」を標榜し、制度開始当初は直接主義・口頭主義が意識されていたが、しばらくすると、自白事件で以前のように、証人尋問に代えて調書を朗読する公判が多くなった。法廷で調べた平均証拠数が2009年23.8個、10年29.5個、11年32.5個と増える一方、裁判員のアンケートで「審理が分かりやすかった」との回答が2009年70.9％、2010年63.1％、2011年59.9％と減少した。

　最高裁の竹崎博允長官（当時）は高裁長官と地・家裁所長を集めた2011年6月9日の長官所長会同で「簡単な事件でも詳細な書面が利用され、判決書も従来型のものが増えるなど、裁判員制度が理想とした口頭による直接の審理とは言い難い」と指摘。参加者から「自白事件でも、証人尋問を活用する必要がある」との意見が出た（会同協議結果概要による）。その後、参加者の提案どおり、自白事件で被害者や目撃者らの証人尋問が行われるようになり、2011年に2.3人（自白事件1.5人）だった平均証人数は2012年に3.0人（同1.8人）に増え、2013〜2018年は2.9〜3.1人（同1.8〜2.0人）で推移して

いる。

　被告人質問を先行し、被告の供述調書は不要として調べないやり方が広がり、当事者に争いがない現場の状況や事件までの経過などは「統合捜査報告書」にまとめる方式も一般化した。平均証拠数は2012年以降減少が続き、2016〜2018年は23.0〜23.9個となっている。裁判員のアンケートで「審理が分かりやすかった」は2012年の58.6％を底に反転し、2016〜2018年は64.7〜68.8％と制度開始当初に近い割合に戻っている。当事者の「説明などが分かりやすかった」との回答は、開始当初から2018年まで、検察側が63.3〜80.3％なのに対し、弁護側は34.0〜49.8％と大差をつけられている。

　また、福島地裁郡山支部で強盗殺人事件の裁判員を務め、死刑判決を言い渡した女性が審理中に見た殺害現場の写真などで急性ストレス障害になったとして、国に損害賠償を求めて、2013年5月に提訴。これがきっかけとなり、裁判所は遺体や殺害現場の写真といった「刺激証拠」を採用しなかったり、加工を命じたりしている。検察幹部によると、写真の血痕をパソコンソフトで緑色にするよう指示した地裁まであるという。東京高検の横田希代子総務部長は2019年3月、法務省の『裁判員制度の施行状況等に関する検討会』で「真相を明らかにするという刑事訴訟法の目的から乖離している」「最も証明力の高い証拠を使わず、被害者や遺族の心情にも反する」と指摘した。

　裁判員裁判の平均実審理期間（第1回公判から判決までの日数、休日含む）は制度が始まった2009年の3.7日が最短で、毎年長くなっている。2011年6.2日、2013年8.1日、2015年9.4日、2017年に10.6日となり、2018年は10.8日。2009〜2018年の平均公判時間を見ると、8時間47分〜11時間2分で、平均公判回数も3.3〜4.9回と変動が小幅なのに対し、2009年は6時間37分だった平均評議時間は2012年に10時間を、2015年には12時間をそれぞれ超え、2018年は12時間58分と当初の倍近くになり、実審理期間の長期化を招いている。評議は2017年と2018年の裁判員アンケートで「落としどころのようなものに誘導されている印象」「裁判長の考えを述べる時間が多く、説明も長い」「裁判官のシナリオに沿って判決内容が決まった」と指摘されている。

裁判員候補者の8割近くがそっぽ向く

　最後は裁判員の選任。制度開始から2019年5月までに、裁判員裁判を実施する地裁60か所（支部10か所含む）で、裁判員を務めた有権者は6万8702人に上っている。病気などで裁判員が欠けた場合に備える補充裁判員の経験者も2万3354人。ただ各事件の裁判員候補者として選定された122万3023人のうち、76万7018人（62.7％）が辞退している。

　辞退できるのは裁判員法と政令で、①70歳以上や学生等、②事業における重要用務、③病気・けが、④介護・養育、⑤精神上・経済上の不利益が生じるなどと定められている。2009年に53.1％だった辞退率はほぼ毎年アップし、2012年に60％台に乗り、2017年66.0％、2018年は67.1％に達している。2018年に辞退が認められた人は、①36.1％、②29.7％、③11.3％、④8.2％、⑤7.9％の順。仕事が理由の②は最高裁が制度開始前に公表したイメージ案で「自らが処理しなければ、事業に著しい損害が生じるおそれがある場合」とされていたが、裁判員裁判を担当した裁判官は「それぞれの事情で柔軟に判断するしかない。辞退率は東京や大阪など大きな地裁が低く、小規模な地裁は高い傾向」と明かす。

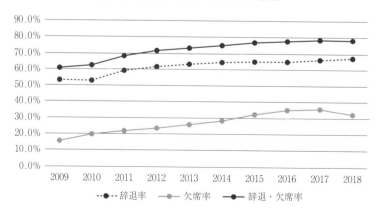

裁判員候補者　辞退・欠席率の推移

　一方、候補者のうち呼び出されても地裁に行かず、裁判員の選任手続きを欠席する人の割合も、2009年と2010年は10％台にとどまっていたが、2015年に30％台となり、2017年は36.1％を記録した。各地裁が呼び出し状を再送するなどしたことから、2018年は32.5％に少し低下した。裁判員法では、正当な理由なく選任手続きに出なかった場合、10万円以下の過料（刑罰の罰金とは異なる制裁金）だが、最高裁によると、科された欠席者はいない。

　候補者のうち辞退・欠席者の割合を計算すると、2009年の60.9％から毎年アップし、2017年には78.7％に達した。2018年は欠席率が下がり、78.0％と初めてダウンしたものの、候補者の8割近くが裁判員裁判にそっぽを向き、2割程度から裁判員を選んでいる状況が続いている。最高裁から委託され、調査会社が辞退・欠席者が多い要因を分析したところ、審理期間の長期化、休みが取りにくい非正規雇用の拡大、辞退可能な70歳以上人口の増加、裁判員裁判に対する関心の低下などが挙がったという。

　最高裁による20歳以上の意識調査（2019年1〜2月）で、裁判員として刑事裁判に「参加したい」「してもいい」は計15.5％だが、裁判員を務めた人に選任前の気持ちを尋ねた2018年のアンケートでは「やってみたかった」が「積極的に」を含めて計39.5％に上る。裁判員には意欲的な人が多く選任されている。裁判員法を審議した2004年4月9日の衆院法務委員会での「希望者のみが裁判員となる制度になってしまっては、裁判員の資質、性向に偏りが生じる」という当時の野沢太三法相答弁が現実のものとなっているかもしれない。

　では、どのような人が裁判員を務めているのか。制度開始から2018年までの裁判員へのアンケート結果によると、性別は男性55.1％、女性43.4％。最高裁が20歳未満と70歳以上を除くなどして再集計した2015年の国勢調査では、男性49.4％、女性49.3％なので、裁判員を辞退しているのは女性の方が多いとみられる。裁判員の年代は20代13.6％、30代20.6％、40代23.8％、50代19.7％、60代18.5％で、国勢調査の結果と比べると、20代から50代はほぼ有権者の構成どおりだが、60代はやや少ないようだ。

　職業は「お勤め」56.3％、「パート・アルバイト等」15.4％、「専業主婦・

主夫」9.3％、「無職」7.1％、「自営・自由業」6.9％など。国勢調査で対応する職業の項目を見ると「正規職員・派遣社員・役員」42.9％、「パート・アルバイト・その他」17.2％、「家事」13.0％、「完全失業者」3.1％、「自営業者等」7.2％などで、裁判員の過半数を占める会社員ら「お勤め」が13.4ポイントも多く、「専業主婦・主夫」は3.7ポイント少ない。複数の裁判官によると、「お勤め」は有給休暇を取得できる企業の社員が多く、大企業の部長も裁判員を務め「コンプライアンスの勉強になった」と話したという。

裁判員が判断するのは有罪か否かだけに

　裁判員候補者のうち、辞退・欠席者の割合が8割近くに上っているのは、審理の長期化が最大の要因とみられる。2018年に候補者へ通知された審理予定日数の平均は6.4日で、3.4日だった2009年の倍近い。裁判員裁判の量刑は介護殺人などを除き、裁判官裁判よりおおむね重く、開始後数年は求刑を上回る判決が相次ぐほど厳罰化した。これに対し、裁判所は司法研究の報告書や最高裁判決などで「公平性」を強調し、行為責任主義の量刑を徹底したが、そうすればするほど、評議に時間がかかり、審理日数が長期化し、裁判官裁判への参加意欲をそいできた。裁判員は量刑に関与せず、有罪か否かだけを判断する制度に改めれば、審理期間は短縮し、辞退と欠席も少なくなるのではないか。その場合は罪名にかかわらず、否認事件全てに裁判員裁判の対象を拡大すべきだろう。

Column

4

裁判員制度10年の出版

　裁判員制度施行10年を迎えた2019年。5月前後にかけて、裁判員制度についての報道は久しぶりに過熱しました。新聞紙上やニュース番組などで多くの特集が組まれました。「司法に市民感覚を」を合言葉にスタートした裁判員制度は、日本国憲法が保障する国民主権を実質化したものです。本来、裁判員裁判については、もっと報道などで取り上げられるべきなのだと思います。しかし、制度の主役ともいえる市民から、この数年間は忘れられつつありました。

　裁判員制度10年をめぐる出版事情も、報道のケースとほとんど同じです。制度施行以前は、司法への市民参加が日本で初めて導入されるということで、社会から大きな期待が寄せられました。それにともなって、多くの出版社が裁判員制度に関するさまざまな出版物を刊行しました。しかし、裁判員制度から市民の関心が離れるにつれて、裁判員制度関連の出版物は次第に少なくなっていきました。そのような流れの中で、制度施行10年となる2019年5月にかけては、いくつかの出版物がまとまって刊行されました。

（1）大城 聡　坂上暢幸　福田隆行［著］

　　『あなたが変える裁判員制度』（同時代社）

（2）飯 考行　裁判員ラウンジ［編著］

　　『あなたも明日は裁判員!?』（日本評論社）

（3）日本弁護士連合会刑事調査室［編著］

　『起訴前・公判前整理・裁判員裁判の弁護実務』（日本評論社）

（4）伊東裕司［著］

　『裁判員の判断の心理』（慶應義塾大学出版会）

　（3）は裁判員裁判時代の刑事弁護実務の手法を示す実践的な手引きで、（4）は実験心理学の実証データを用いて裁判員の感情が判断に及ぼす影響を分析した書籍です。いずれも専門家にとって非常に有用な実務書・学術書です。

　これらに対して、（1）および（2）は、市民と専門家が協同して作成した、これから裁判員を経験しうる市民のためのガイドブックです。対象とする主たる読者は市民です。（1）は市民の視点で制度を検証してきた「裁判員ネット」が主体となって活動の記録と経験をまとめたもので、守秘義務の緩和など市民にとってより良い制度にするための提言も収録されています。（2）は専修大学法学部の飯考行教授が中心となって2014年12月から3か月に1度開催してきた「裁判員ラウンジ」という取り組みを書籍化したものです。裁判員ラウンジとは、裁判員制度や今日的な司法の問題について意見交換を行う公開のフリートークの場で、参加者は一般の市民、裁判員経験者、裁判員候補者、受刑経験者、犯罪被害者、宗教関係者、学生、裁判官、弁護士、学者、記者、他の裁判員交流団体のメンバーなど、年代や立場もさまざま。司法に多様な意見を反映させるという裁判員制度および司法制度改革の趣旨を社会の中で実践したのが、まさに裁判員ラウンジなのです。（1）もそうですが、（2）の『あなたも明日は裁判員⁉』の一番の特長は、先に裁判員を経験した市民が、これから経験しうる同じ社会の構成員に向けて、中高生

飯 考行　裁判員ラウンジ［編著］
『あなたも明日は裁判員!?』
（日本評論社 2019年 4 月）

や大学生などの若い世代に向けて、自身の体験を自らの言葉で伝えているということです。市民が主体的に、自己体験という財産を社会のために還元し、次代へ活かそうとかたちにして残しているという点です。これまでは専門家の視点で構成された出版物が主流でしたが、そこに市民目線を投影したものがいくつか登場したのは新鮮な現象でした。裁判員制度が市民の主権者意識の形成に寄与していることの証であり、それが裁判員制度10年の出版における最大の特徴であったともいえましょう。

　民主主義社会、そして出版文化の成熟のために、自立した自由な市民の存在は不可欠です。裁判員制度は人間でいえば未成年です。これから20年、30年とあたたかい目で見守る必要はありますが、市民の成長を促し、社会の発展をリードする大役を担うポテンシャルを「裁判員制度10年の出版」は証明しているといえるのではないでしょうか。

荻原弘和（日本評論社）

V

裁判員制度10年の
意義と展望

制度設計にかかわった識者が語る「これまで」と「これから」

裁判員制度10年 ─市民参加の意義と展望─

四宮　啓（弁護士・國學院大學法学部教授）

■　はじめに

　2001年、政府の司法制度改革審議会は、戦後初めての抜本的な司法改革を提言した。その目的は、21世紀の日本社会を、より自由かつ公正で責任ある社会とすることにあり、そのためには、「個人の尊重」と「国民主権」を柱とする「法の支配」の理念があまねく日本社会に行き渡ることが必要であるとした。この基本理念から、司法にも国民が主権者（審議会は「統治主体」と表現している）として直接参加し、民主的基盤を確立することが必要であるとして、裁判員制度が提言されたのである。裁判員制度はこのように、国民主権、民主主義に基づく制度であり、司法への国民の理解を増進するためだけに導入されたのではない。最高裁が、裁判員制度の合憲性が争われた事件の判決で、裁判員制度は「参政権と同様の権限を付与するもの」と評したのは裁判員制度の本質の表現として正しい。

　裁判員制度施行10年の評価としては「概ね順調に運営されている」との意見が多く、私も基本的にこの評価を共有する。しかしながらこの10年を眺めたとき、重要な成果を獲得してきた反面、課題もまた見えてきた。

　本稿では10年の成果と課題を論じ、制度の一層の定着・発展のために今何が必要かを検討したい。

■　施行10年の成果

1　刑事司法の変革

　裁判員制度の導入によって、刑事裁判は、より透明で公正なものへと劇的に変わりつつある。なぜなら、刑事裁判の主人公が、専門家である裁判官か

ら一般市民へと変わったからである。もちろん、裁判員制度の導入は、日本の刑事手続のすべてを直ちに改革するには至らなかったものの、改革の方向性は参加する国民が求めるもの、つまり透明で公正な手続であるといえ、この改革はその後の刑事司法改革にも大きな影響を与えた。

（1）被疑者国選弁護

勾留された資力のない被疑者が国選弁護人を付けられるようになった。一般市民が参加する裁判では連日的開廷による充実・集中・迅速な審理が不可欠だが、そのためには、刑事弁護体制の整備が重要になる。被疑者国選弁護の対象事件は徐々に拡大し、現在は勾留された全件で国選弁護人を請求できるようになった。

（2）公判前整理手続と証拠開示

裁判員裁判では、公判審理は連

四宮　啓（しのみや・さとる）

1952年、千葉県鴨川市生まれ。1978年、司法試験合格。1979年、早稲田大学法学部卒業。1981年、弁護士登録。1994年〜1995年、カリフォルニア大学バークレー校客員研究員としてアメリカの陪審制度を調査研究。2001年〜2004年、日本弁護士連合会司法改革調査室長。内閣に設置された司法制度改革推進本部「裁判員制度・刑事検討会」委員として裁判員法案の策定に関与。2004年〜2009年、早稲田大学法科大学院教授。2009年〜2012年、法務省「裁判員制度に関する検討会」委員。2009年〜2018年、國學院大學法科大学院教授。2018年〜現在、國學院大學法学部教授。主要著書として、『O.J.シンプソンはなぜ無罪になったか』（現代人文社 1997）、『ここだけは聞いておきたい裁判員裁判—31の疑問に答える』（共著 日本評論社 2009）など。裁判員関係論文として、「国民の主体的・実質的参加は実現しているか—裁判員制度施行10年と今後の課題」（自由と正義 2019年5月号）、「裁判員裁判—裁判員制度は刑事実務をどのように変えているか—弁護の立場から」（三井誠ほか編『刑事手続の新展開（上）』（成文堂 2017）、「裁判員の守秘義務について—その系譜と再構成—」上石圭一ほか編『現代日本の法過程 下巻—宮澤節生先生古稀記念—』（信山社 2017）など。

日的な開廷が欠かせない。連日的開廷を実現するためには、法律専門家による事前の十分な準備が不可欠だ。そこで、新しい準備手続として公判前整理手続が創設され、裁判員裁判ではこの準備手続が義務化された。この準備手続では検察官が請求する予定のない証拠についても、一定の範囲で、被告人・弁護人に開示請求権を認める制度が導入された。手続の透明化への重要な一歩である。事前の全面証拠開示が望ましいが、まだ採用されていない。

（３）連日的開廷（迅速な裁判）

　裁判員裁判では、公判の迅速化は、裁判官裁判時代と比べ、著しく進んだ。最近、審理期間の長期化が指摘されているが、裁判員の負担も考慮して、一日あたりの審理時間を少なくした結果開廷日数が増えているとの指摘もある。また、裁判員経験者の感想は、むしろ長期事件の経験者の方が「良い経験だった」との意見が多い。裁判員は時間よりも内容の充実を求めているようだ。

（４）法廷における直接主義・口頭主義の徹底

　裁判員制度の導入がもたらした最も大きな変革は、公判審理であろう。従来の日本の刑事裁判では、捜査段階の供述調書や捜査書類が証拠として多数採用されて証拠調べの中心的存在となり、「調書裁判」などと批判されてきた。しかし、裁判の知識も経験もない裁判員が、裁判に主体的・実質的に関与するには、裁判員が「法廷で目で見て耳で聴いて判断できること」が生命である。裁判員制度施行後、日本の刑訴法が本来目指していた「法廷で目で見て耳で聴いて判断する裁判」がようやく実現しつつある。

（５）取調べ

　かつて捜査当局は取調べの録音録画に猛反対していたが、裁判員に対して、取調べ状況について、分かりやすく迅速・的確に立証するための方法としては、取調べの録音・録画が相応しく、その試行を始めた。2019年6月からは、裁判員対象事件といわゆる検察独自捜査事件について、自白調書の任意性を立証するための録音録画が制度として施行されることになった。刑事司法の透明化の重要な一例である。

　2　刑事司法以外の社会の変革

　裁判員制度がもたらした変化は刑事手続だけにとどまらない。将来裁判員となる生徒の教育ために学習指導要領が改訂された。また、裁判員特別休暇制度など、従業員が裁判員として参加しやすい労働環境も整えられつつある。さらにはメディアの報道のあり方にも裁判員が審理に参加することから変化が生まれ、公正な客観的報道のためのガイドラインが自主的に策定された。

　さらに重要な変化は、裁判員を経験した国民の意識にも生まれている。裁

判員を務めたことで社会の一員としての自覚と責任感が生まれ、さまざまな社会的活動を始めた人々が増えている。

施行10年の課題 ―国民の統治主体性は確保されているか―

裁判員制度の導入は、刑事司法だけでなく、三権の一つとしての司法部門の国民的基盤をより強固なものとして確立するために行われた。国民的基盤が確立されるためには、国民の参加が主体性・実質性を備えたものであることが不可欠である。では、この10年の運用において、主権者である国民の主体性は十分に確保されてきたであろうか。

1　国民と裁判官（専門家）との関係

裁判員制度は、国民の健全な社会常識を反映するために、裁判員と裁判官は対等な構成員として制度設計されている。しかしそのバランスは、真に対等な関係として維持・運用されているだろうか。裁判員と裁判官が対等な権限を持つとされる有罪か否かの判断（事実認定）と量刑の判断のいずれにおいても、「専門家の判断枠組み」の比重が増していないだろうか。

（1）有罪か否かの判断（事実認定）

刑事裁判では無罪推定が鉄則であるから、検察官の主張が、常識に従って判断して「間違いない」という程度にまで証明されていなければ有罪にはできない。そして証明がその程度にまで達しているかは、健全な社会常識にしたがって裁判員と裁判官の自由な判断にゆだねられる。

被告人が、機内預託手荷物として預け日本に持ち込んだスーツケースの中に覚せい剤が隠されていた事案で、検察官は、スーツケースに隠された覚せい剤を日本に持ち込んだという事実自体から被告人が知っていたことが強く推認されると主張し、被告人は知らなかったと主張した。一審の裁判員裁判では、運搬者に事情を知らせないまま、運搬者から回収する方法がないとまではいえないから、覚せい剤が隠されたスーツケースを自分の手荷物として持ち込んだという事実から通常中身を知っているとまで推認することはでき

ないなどと判断し、被告人を無罪とした。二審の３人の裁判官は、密輸組織による事案では、運搬者が、誰からも何らの委託も受けていないとか、受託物の回収方法について何らの指示も依頼も受けていないということは現実にはあり得ない（裁判官はこの判断を「回収措置に関する経験則」と自ら名付けた）、として有罪とし、最高裁もほぼこの判断を支持した。

　裁判員制度は、裁判内容に国民の健全な社会常識をより反映させるために導入されたのであるから、検察官の有罪の証明が常識に照らして「間違いない」と言える程度にまで至っているかは、「国民の健全な社会常識」という物差しで判断されるべきである。有罪方向で「裁判官の物差し（裁判官の経験則）」を用いるのでは、裁判員の主体性と裁判員制度の理念が損なわれるであろう。

（２）量刑判断

　裁判員制度においては、有罪か否かの判断（事実認定）のみならず、量刑の判断にも裁判員が主体的・実質的に関与し、健全な社会常識を反映させることとされた。

　両親による幼児に対する傷害致死の事案において、一審の裁判員裁判では、検察官の求刑10年に対して、検察官の求刑は犯行の背後にある児童虐待の悪質性等を十分に評価したものとはいえないなどとして、両親それぞれに懲役15年を言渡した。二審判決もこれを維持したが、最高裁は、裁判員裁判における量刑評議のあり方について、「裁判員裁判といえども、他の裁判の結果との公平性が保持された適正なものでなければならない」、「これまでのおおまかな量刑の傾向を裁判体の共通認識とした上で、これを出発点として当該事案にふさわしい評議を深めていくことが求められている」などとして、検察官の求刑の範囲内で父親に懲役10年、母親に懲役８年を言い渡した。

　「量刑の傾向」とは要するに「量刑相場」である。裁判員に量刑判断にも加わってもらうという制度の理念は、量刑判断にも健全な社会常識を反映させるとともに、裁判員と裁判官が協働する判断は裁判官だけの判断よりも「公正」であるという点にある。「公平性」も「公正」のひとつの中身であろ

うが、事案の特徴等を考慮し、これまでの量刑相場とは異なる結論が出ることも「公正」な量刑のあり方として制度自体が想定しているはずである。重要な倫理的判断である量刑判断の枠組みが、参加している裁判員を除外して裁判官が事前に説明する「相場」を中心に決定されるとすれば、裁判員の主体性と裁判員制度の理念を損なうことにならないだろうか。

2　統治主体としての国民相互の関係 —裁判員の守秘義務について—

　裁判員制度は、最高裁も述べているように、主権者である国民に「参政権と同様の権限を付与するもの」であり、裁判員は、コミュニティーを代表して公的権力を行使するのであるから、裁判員経験者と国民は、統治主体として相互に思考を伝達し合うことができなければならない。そのことに障害が生まれていないか。

（1）出席候補者の減少

　裁判員候補者の出席率は年を経るごとに低下している。まず、裁判員候補者の辞退率はほぼ年々上昇し、2019年7月末現在、制度施行以降累計で62.7％に上った。辞退を申し出ず、または申し出ても認められなかった出頭義務がある候補者の欠席率も同様で、同月末現在累計で27.8％である。その結果、選定された候補者のうち、裁判所に出席したのは約4人に1人にすぎないのが現状だ。

　辞退と欠席が増える傾向とその率の高さは、施行10年の重大な課題の一つである。なぜなら裁判員制度は、「法の支配」を支える理念の一つ、国民主権の理念に基づくが、制度を支える国民の多くが参加しなくなれば、統治主体である国民が平等に支える制度ではなくなり、その民主的正統性に疑問が出るからだ。

　国民の参加をためらわせているものはなにか。最高裁の平成30年調査によれば、一般国民が裁判に参加する場合の心配・支障として挙げているのは、「被告人の運命が決まる」（73.5％）、「素人に正しくできるか不安」（57.6％）などだ。その結果、最高裁の調査によれば、裁判員を経験していない一般国民は約8割が参加に消極的だという。

167

（2）裁判員経験者の感想

　これに対して裁判員経験者は、経験前は約半数が参加に消極的だが、経験後には95％以上が2009年の制度施行後一貫して「良い経験だった」と述べている。これは裁判員としての経験が彼らの意見を変えたことを示唆する。そうであれば、この「良い経験」がコミュニティーで共有されれば、二の足を踏む人も減っていくのではないか。

　そのためには裁判員の経験が（役所主催の講演会だけでなく）日常生活の中で語られることが何より必要だ。しかし日本では、裁判員経験者には法律上広い守秘義務が課せられている。他方で公開の法廷で行われたことや裁判員になった感想は話してもよいとされている。裁判所は、裁判員には「守秘義務の必要性を実感していただいている」と受け止めているが、それは裁判員経験者やその周辺の人々にとって守秘義務の基準が明確であることを当然には意味しない。むしろ「原則禁止・例外自由」と受け止められやすい。その結果、安全策で「黙っていよう」ということになり、社会もそう考えて、聞くことをしない。これでは95％以上の経験者の「よい経験」が社会で共有されるはずもない。

　そこで原則語ることができる「原則自由・例外禁止」の制度へと変える必要があるだろう。当面は現行制度を前提に、運用の改善として、評議で誰が何を言ったか、評決は何対何だったか、審理で知った他人の秘密、は語ることが禁止される事項とする。また「評議の経過」はすべて禁止されるのではなく、メンバー間で合意した事項に限定する。それ以外は原則自由に語ってよい運用へと改める。裁判所は国民を信頼して、運用の改善を宣言すべきだ。

これからの展望

　施行10年を経ても、裁判員制度の主人公である国民はなお参加をためらっているように見える。参加をためらう理由はさまざまであろうが、この点を考える上で、裁判員制度に関する報道で気になる2つのワードがある。一つは「負担」である。公判に掛かる時間が長いと「負担」、残酷な証拠が出る

と「負担」、死刑求刑が予想されると「負担」、という具合である。もう一つは「人を裁く」というワードである。「負担」や「人を裁く」というワードは、参加する裁判が犯罪をテーマとする刑事事件であることに加えて、国民に裁判員になる不安感を一層募らせているように見える。これらのワードが繰り返し用いられていることは、日本では今なお、いかに司法が国民から縁遠く、また国民が社会を担うはずの民主主義から切り離されてきたかを物語っているように見える。

　刑事裁判は、裁判員経験者であればだれでも理解しているように、「人を裁く」宗教的な制度ではない。法と証拠に従って、正義あるいは道理を社会で実現しようとする仕組みである。多数によっても奪えない権利とルール、それを守るのが司法の役割だ。刑事裁判は、政府が尊厳ある個人を断罪しようとしているとき、政府がルールに従っているかどうかをチェックする政治の仕組みである。だからこそ多くの民主主義国では、主権者である国民が司法に参加するのだ。国民が、「司法＝道理が通るところ」と受け止めずに、「司法＝人を裁くところ」と受け止め、「近づきたくない」、あるいは「お上がやるべきこと」と考えているとしたら、司法を、そのように誤解されたまま国民から遠ざけてきた法律家やメディアにも責任があると思う。

　しかし裁判員制度はまだ10歳だ。この10年間の成果はそれらを一層拡充させよう。他方課題は制度充実へのステップと考えよう。最高裁も合憲性が争われた先のケースで、「（裁判員制度の）目的を十全に達するには相当の期間を要することは言うまでもないが、その過程もまた、国民に根差した司法を実現するうえで、大きな意義を有するものと思われる」と述べている。

　裁判員制度を今後いかに一層定着させ、発展させていくか ── 国民主権・民主主義に基づく裁判員制度の基本理念に立脚しつつ、裁判員となる国民とともに、国民に開かれた議論を続けていくべきだろう。

裁判員制度―次の10年に向けて

裁判員裁判の当事者と専門家による"証言"

　裁判員制度では、裁判官、検察官、弁護士の法曹三者だけではなく、裁判員として市民も刑事司法の新しい担い手となりました。この本が出版されるきっかけとなったシンポジウムでは、刑事司法の新しい担い手となった裁判員経験者をはじめ、刑事裁判に関わる法曹三者の実務家、研究者の方々が、幅広い視点から問題提起を行い、議論を深めました。裁判員裁判の10年を検証するためのエッセンスが凝縮されたシンポジウムとなりました。鋭い視点と精緻な分析の専門家の論考を加えて書籍となったことで、裁判員制度の10年間を検証する際の有益な資料のひとつとなりました。本書は、制度開始10年の節目における裁判員裁判の当事者と専門家による"証言"集といえるでしょう。

　シンポジウムにご登壇いただいたみなさん、ともに真剣で建設的な議論を行う時間をつくり出した参加者のみなさん、出版にあたってご尽力いただいたみなさん。みなさんお一人おひとりのご参加、ご協力に改めて心より御礼申し上げます。

裁判員経験の共有

　私たちは、裁判員制度の次の10年に向けて、2つの「宿題」を背負っていると思います。

　1つは、裁判員の貴重な経験を社会で共有することです。この10年間、残念ながら裁判員経験が社会で共有され、蓄積されているとはいえない状況です。

　このシンポジウムの主催した3つの団体（裁判員経験者ネットワーク、裁判員ネット、裁判員ラウンジ）は、それぞれ裁判員経験者の方にお話いただく機会をつくるなどして「裁判員経験」を共有する試みを続けています。

「裁判員経験」は、ただ刑事裁判に関与したというだけでなく、一人ひとりの内面深く、その価値観を揺さぶる力があります。悩みや葛藤も含めた「裁判員経験」を、次に裁判員になるかもしれない人につないでいくこと、裁判員経験の共有を広げていくことは、市民参加の制度を根底から支える大きな力になるはずです。逆に言えば、裁判員経験の共有がなければ、市民参加の制度は機能しなくなっていくということです。

次の10年に向けて、裁判員経験の共有という「宿題」に、引き続き正面から取り組んでいくことが必要だと考えています。

市民の視点を制度に反映させる

もう1つの「宿題」は、新しく刑事裁判の担い手となった市民の視点を裁判員制度に反映していくことです。この10年間、運用面で工夫して改善してきたことも多くあります。例えば、裁判員裁判の日程は当初は裁判所に掲示されているだけですが、2016年5月からインターネットで公表されるようになり、誰でもいつでも裁判員裁判の日程を知ることができるようになりました。しかし、運用面の改善だけではなく、守秘義務の緩和など裁判員法の改正を伴う制度の見直しが必要なテーマもあります。

裁判員制度10年の中で、制度見直しが一度行われました。それが2015年の裁判員法改正です。裁判員法は附則で、施行3年後に見直しを検討するよう規定していました。この附則を受けて、政府は2014年10月に改正案を提出し、2015年6月5日、見直しを受けた改正裁判員法が国会で可決、成立しました。この改正では、守秘義務の緩和はなされませんでしたが、3年後に再び制度の見直しを検討することが盛り込まれました。これは政府が提出した改正案にはなかったもので、衆議院法務委員会で新たな見直し規定を盛り込む修正案が可決されたことにより加えられたものです。

この改正の際、衆議院法務委員会では、「本法の附則に基づく3年経過後の検討の場を設けるに当たっては、国民の視点からの見直しの議論が行われるよう、裁判員経験者、犯罪被害者等の意見が反映されることとなるように、十分に配慮すること」、「本法の附則に基づく3年経過後の検討に当たっては、

死刑事件についての裁判員制度の在り方、性犯罪についての対象事件からの除外などの犯罪被害者等の保護の在り方、否認事件への裁判員参加の在り方、裁判員等の守秘義務の在り方等、当委員会において議論となった個別の論点については、引き続き裁判員制度の運用を注視し、十分な検討を行うこと」との附帯決議が可決されました。この附帯決議に対して、上川陽子法務大臣（当時）が「附帯決議につきましては、その趣旨を踏まえ、適切に対処してまいりたいと存じます」と答弁しました。

　死刑事件についての課題や守秘義務の在り方など、制度開始当初から議論がある争点については、次の見直しの課題とされています。

次の10年に向けて

　法務省は、2019年1月に「裁判員制度の施行状況等に関する検討会」を設置し、制度見直しに関する検討を行っています。これまで9万人を超える市民が裁判員制度に参加しています。多様な立場から制度のあり方について議論が進むことが望まれます。この検討会の第7回、第8回会合では裁判員経験者のヒアリングが行われました。シンポジウムで公表した「守秘義務の緩和を求める共同提言」について、検討会の場で直接伝えることもできました。特に重要な課題は、裁判員経験の共有を阻む2つの壁を見直すことです。裁判員候補者の公表禁止規定の見直しと守秘義務の緩和は、2つの「宿題」に共通する問題です。

　裁判員制度の10年を検証し、市民参加の意義を凝縮した本書が、次の10年に向けて、裁判員経験を共有し、市民の視点を制度に反映させるという「宿題」に取り組むために役立つことができれば大変うれしく思います。

大城　聡

編者紹介

牧野　茂　（まきの　しげる）
1950年、群馬県高崎市生まれ。弁護士（フェアネス法律事務所）。2010年に
裁判員経験者ネットワーク（https://saibanin-keiken.net/）を有志と設立。
共同代表世話人を務める。著書に『裁判員裁判のいま―市民参加の裁判員裁
判制度7年経過の検証―』（成文堂 2017年）、『取調べのビデオ録画―その撮
り方と証拠化―』（成文堂 2018年）など。

大城　聡　（おおしろ　さとる）
1974年、東京都生まれ。弁護士（東京千代田法律事務所）。一般社団法人裁
判員ネット（http://www.saibanin.net/）の代表理事および裁判員経験者ネ
ットワーク共同代表世話人を務める。著書に『良心的裁判員拒否と責任ある
参加』（公人の友社 2009年）、『あなたが変える裁判員制度』（同時代社 2019
年）など。

飯　考行　（いい　たかゆき）
1972年、宮城県仙台市生まれ。早稲田大学大学院法学研究科修士課程・博士
後期課程修了。弘前大学准教授などを経て、現在は専修大学法学部教授。法
社会学、司法制度論を専攻。裁判員ラウンジ（http://www.saibanhou.com/
lounge.html）を主催。著書に『あなたも明日は裁判員!?』（日本評論社
2019年）など。

裁判員制度の10年　　市民参加の意義と展望

2020年4月30日　　第1版第1刷発行

編　者────牧野　茂

　　　　　　　大城　聡

　　　　　　　飯　考行
発行所────株式会社日本評論社

　　　　　　　〒170-8474　東京都豊島区南大塚3-12-4

　　　　　　　電話 03-3987-8621（販売）

　　　　　　　FAX 03-3987-8590（販売）

　　　　　　　https://www.nippyo.co.jp/

　　　　　　　振替 00100-3-16
印刷所────精文堂印刷株式会社
製本所────株式会社難波製本
ブックデザイン──有田睦美